本丛书得到何东先生独资赞助

This series of books is financially supported exclusively
by Mr. Eric Hotung.

20世纪中国文物考古发现与研究丛书

河姆渡文化

刘 军／著

文物出版社

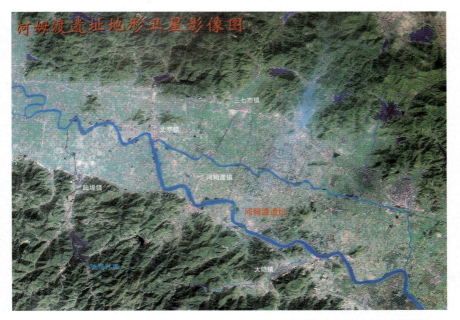

一 河姆渡遗址地形卫星影像图

二 河姆渡遗址出土连体双鸟太阳纹象牙蝶（鸟）形器

三　河姆渡遗址出土象牙盖帽形器

四　河姆渡遗址出土陶敞口釜

五　河姆渡遗址出土陶灶

六　河姆渡遗址出土陶盉

七　河姆渡遗址出土陶豆

八　河姆渡遗址出土骨耜

20 世纪中国文物考古发现与研究丛书

序 / 张文彬

　　俗称"锄头考古学"的田野考古学的诞生以及中国考古学学科体系的基本完善，由此而引起的古物鉴玩观赏著录向科学的文物学的转变，是 20 世纪中国学术与文化界的大事。它从材料与方法两个方面彻底刷新了持续了数千年之久的中国古代史学传统，不但为中国学术界和文化界开拓出更加广阔的研究天地，也为一切关心中华民族悠久历史和灿烂文明的人们不断地提供了可贵的精神滋养和力量源泉。

　　仰古、述古、探古，进而考古，向来为我国传统文化中一个明显的学术特点。先秦时期诸子百家发其端，汉代司马迁撰写《史记》，北魏郦道元作注《水经》。他们对相关的遗迹遗物，尽可能地做到亲自考察和调查，既能辨史又可补史。这种寻根追源的治学态度，为后世学术上的探古、考古树立了榜样。此后，山河间的访古和书斋式的究古相继开展，特别是对古器物的研究，成了唐、宋时期的文化时尚。不少学者热衷于青铜铭文、碑刻、陶文、印章等古文字的考释，进而有了对器物的辨伪鉴定、时代判断、分类命名等，逐渐兴起了一门新的学问——金石学，涌现出许多著名的古器物鉴赏家和收藏家。只是囿于当时的历史条件，金石学家们无法了解所见文物的出土地点和情况，也难以涉及史前时代漫长的演进历程，因而长期以来始终脱离不了考证文字和证经补史的窠臼。即使如此，他们的艰辛努力和取得的成绩，还是为推动我国传统文化的发展起到了积极作用，并且在事实上也为中国考古学和中国文物学的起步铺设了最早的一段道路。

20世纪初，近代考古学由西方传入。中国学者继承金石学的研究成果，学习并运用西方考古学方法，开始从事田野考古，通过历史物质文化遗存，探寻和认识古代社会，揭示人类社会发展规律。早在1926年，中国学者就自行主持山西南部汾河流域的调查和夏县西阴村史前遗址的发掘。随后，我国学者同美国研究机构合作，有计划地发掘周口店遗址，发现了北京猿人。从1928年起至1937年，连续十五次发掘安阳殷墟遗址，取得了较大收获，引起了国内外学术界的重视。自20世纪50年代以后，随着国家大规模经济建设的进行，田野考古勘探、调查和科学发掘工作在全国范围内蓬勃有序地开展，许多重要的典型遗址和墓地被揭露出来，重大发现举世瞩目。它们脉络清晰，层位分明，文化相连，不仅弥补了某些地域上的空白，而且衔接了年代上的缺环，为研究中国古代史、文化史、科学史以及其他学科领域，提供了珍贵、丰富的实物资料，极大地影响着人文社会科学诸多学科专业的研究与发展。这段时间被学术界称为中国考古学的黄金时代。在马列主义理论指导下，具有中国特色的考古学理论体系和方法论逐渐形成。有关研究成果不仅极大地改变和丰富了人们对中国文明起源、中国古史发展等重大问题的认识，同时也扩展了中国文物的研究领域和研究方式。可以说，考古学的发展与进步，直接影响到文物学的形成与发展，而且影响到全社会对文化遗产重要作用的认识以及世界学术界对中国古代文明的重新认识。

从20世纪80年代开始，文物界就中国文物学的创立，逐渐取得共识，在共同探讨的基础上，初步形成了学科体系。不少学者发表了有关论文，出版了专著，就文物的历史价值、科学价值、艺术价值以及在社会主义的物质文明与精神文明建设中如何对文物进行有效保护、合理利用发表意见。这些研究成果已获得学术界的赞同。

在这世纪之交和千年更替之际，对中国考古学和中国文物事业作一次世纪性的回顾和反思，给予科学的总结，是许多学者正在思考和研究的问题。如果能通过梳理20世纪以来重大发现和研究成果，透视学科自身成长的历程，从而展望未来发展的方向，以激励后来者继续攀登科学高峰，无疑是一件很有意义的事。为此，经过酝酿、商讨和广泛征求意见，我们约请一批学者（其中有相当多的中青年学者）就自己的专长选择一个专题，独立成篇，由文物出版社编辑出版一套《20世纪中国文物考古发现与研究丛书》，并以此作为向新世纪的献礼。

从某种意义上说，《20世纪中国文物考古发现与研究丛书》是一套学科发展史和学术研究史丛书。其内容包括对20世纪考古与文物工作概况的综合阐述；对一些重要的考古学文化和古代区域文化研究情况的叙述；对文物考古的专题研究；对重要的文物考古发现、发掘及研究的个例纪实。

此套丛书的内容面广，而且彼此关联。考虑到各选题在某些内容上难免会有重叠或复述，因此在编撰之初，我们要求各选题之间互有侧重，彼此补充，以期为读者了解 20 世纪中国考古学和文物学的发展提供更多的视角。

我国的文物与考古工作，虽在 20 世纪得到了迅速发展，但仍有许多重大学术问题需要进一步探索。我们主持编辑这套丛书，除了强调材料真实，考释有据，写作态度严谨求实外，也不回避以往在工作或研究上曾经产生的纰漏差错和不足之处，以便为今后的工作和研究提供借鉴。虽然我们尽了很大努力，但限于水平，各篇仍很难整齐划一。由于组稿和作者方面的困难和变化，一些计划之中的题目也未能成书。这些不周之处，敬请专家、学者和广大读者批评指正。

在丛书编印过程中，我们得到了文物、考古界的广泛支持。何东先生在出版经费上给予了热情帮助。在此，一并深表感谢。

2000 年 6 月于北京

目　录

插 图 目 录

前言

　　河姆渡文化的发现，是 20 世纪 70 年代长江下游地区乃至全国新石器时代考古具有突破性的重大发现。它是早期稻作农业的典型代表。它的发现把农业起源的研究提到议事日程上来，并使之迅速地开展而取得成果。这一发现改变了只有黄河流域才是中华远古文化摇篮的传统观点。河姆渡文化自发现二十多年来，以其独特之内涵，丰富之埋藏，年代之久远和价值之珍贵而享誉学坛，播扬寰宇[1]。

　　回顾过去，地处长江下游的浙江地区新石器时代考古工作起步较早，在 20 世纪 30 年代就做过田野考古发掘工作。1936年 5 月浙江省立西湖博物馆和吴越史地研究会共同发掘杭州古荡遗址，1936 年 12 月—1937 年 3 月浙江省立西湖博物馆施昕更发掘良渚遗址多个地点，分别出版了田野考古简报和报告。这是浙江田野考古工作的重要起点，从此开始科学揭示浙江新石器时代晚期的物质文化。

　　中华人民共和国成立后，浙江的考古工作在紧密配合国家基本建设，进行田野考古发掘工作的方针指导下得以蓬勃开展，直至 1966 年未曾间断。此期间发现新石器时代遗址达百处以上，发掘的文化遗存极为丰富，收获不小。其中重要的有吴兴邱城、嘉兴马家浜、吴兴钱山漾、余杭安溪和杭州水田畈等遗址的发掘，获得了不少重要发现。引人注目的是钱山漾遗址出土的丝麻织品以及竹木器、稻谷、花生、匏瓜等植物种子。上述这些遗址的发掘，积累起许多基础材料，使我们了解到杭嘉湖地区的新石器时代遗址有广泛的分布。同时也使我们对这一地区的新石器文化内涵和文化面貌有了比较全面和深刻的认识，初步建立起浙北地区新石器文化的发展序列。但是，我们也清醒地认识到，浙江新石器文化遗址分布密集的地方仅限于太湖周围的杭嘉湖地区，其余地区分布很少，甚至有的地方还不见遗址。另外，在这段时间内发现的新遗存或者发掘的新遗址，其文化面貌都没有超越已知的新石器时代文化内涵。

当河姆渡遗址发掘后，考古学界对这处遗址第三层和第四层丰富多彩的发掘材料感到非常新颖，对其文化内涵所体现的工艺技术水平和生产力水平感到震惊。浙江的考古工作者更是欢欣鼓舞。的确，河姆渡遗址文化内涵的惊人程度，是任何一个稻作文化聚落遗存所不及的。它的文化面貌特征鲜明，地域特色显著，与已知的马家浜文化、崧泽文化和良渚文化显然有别。因此，考古学界把它作为一种独立的考古学文化予以命名，其年代经碳十四测定距今约七千年，属新石器时代中期偏晚阶段。

自河姆渡文化发现至今，三十多年过去了。这期间许多考古学家、农史学家、史学家、古建筑学家、古生物学家、民族学家、人类学家、美术史家、地理学家和地质、水文学家等对河姆渡文化进行了深入的考察和研究，写下了多本专著和数百篇论文。研究问题涉及文化属性界定、文化分期、文化年代、文化关系、文化源流、文化族属、文化兴衰、后续文化、房屋结构、生态环境、农业起源、原始艺术以及社会发展阶段等诸多方面，研究成果颇丰。

河姆渡文化的确立，彻底改变了人们对这一地区新石器文化的偏见，填补了浙江新石器文化的一段空白和缺环，突破了我国新石器时代原有的文化类型和分布界限，点燃了寻觅年代更久远的新石器文化的希望之光。

进入20世纪90年代，年代更早的新石器文化遗址在浙江这块土地上接连被发现。1990年萧山发现跨湖桥遗址[2]，文化面貌独特，并发现稻谷，现命名为"跨湖桥文化"，其年代经碳十四测定距今8200—7000年，属新石器时代中期。依碳十四测年，其下限晚段与河姆渡文化早期前段并行发展，从一些陶器观察，它们之间似有某种联系。2001年发掘浦江渠南村上山遗址[3]，发现一批具有特色的文化遗存——石球、石磨棒、石磨盘以及大敞口小平底的大型夹炭红衣陶盆形器，同时发现人工栽培稻。其年代经对夹炭陶标本进行碳十四测定距今11400—8600年（树轮较正），属新石器时代早期文化。2005年嵊州甘霖镇杜山村小黄山遗址的发掘[4]，也同样发现许多磨石和石磨盘，夹砂陶敞口平底盆、敛口钵和双腹豆等陶器，并在地层中发现大量稻属植物硅酸体。此遗址的年代据碳十四测定距今10000—8000年，也属新石器时代早期文化。

上述遗址的发现，丰富了对于浙江新石器时代早期文化遗址分布规律的认识，也是继河姆渡文化发现之后，在浙江新石器时代考古史上取得的又一次重大突破，从而宣告了浙江地区无早期新石器文化遗址时代的结束。这必将对浙江新石器文化源流、发展谱系以及原始稻作农业起源等问题的深入讨论产生积极的影响。

注　释

［1］石兴邦《河姆渡文化——我国稻作农业的先驱和"采集农业"的拓殖者》，浙江省文物局、浙江省文物考古研究所，河姆渡遗址博物馆编《河姆渡文化研究》第2页，杭州大学出版社1998年版。

［2］浙江省文物考古研究所、萧山博物馆《跨湖桥》，文物出版社2004年版。

［3］蒋乐平《浙江浦江县上山新石器时代遗址——钱塘江流域早期稻作文化遗存的最新发现》，《中国社会科学院古代文明研究中心通讯》2004年第7期。

［4］马鹏军、劳国强、任慧康《小黄山遗址成就浙江万年史》，《今日早报》2005年8月9日。

一 河姆渡遗址的考古发现

　　河姆渡文化因河姆渡遗址而得名。河姆渡遗址（东经121°22′、北纬29°58′）位于四明山和慈南山之间的姚江平原南侧的山地与平原的交接地带，原为余姚县罗江乡渡头村，东北紧连田亩，西南濒临姚江，并与四明山隔江相望，沪杭甬高

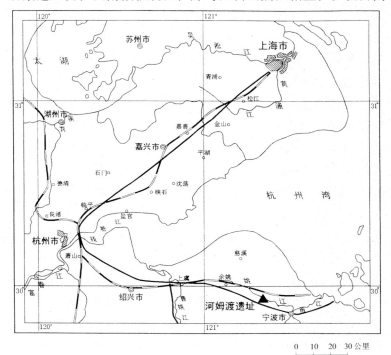

图一　河姆渡遗址位置图

速路在山脚下穿越。遗址总面积达 50000 平方米（图一）。

（一）河姆渡遗址的发现

1973 年的春夏之交，余姚县罗江公社决定在姚江北岸的渡头村西端新建一座排涝站。开挖基坑至距地表 3 米多时，发现了许多石头、瓦片和骨头。公社副主任罗春华得知后，细看基坑两侧，看到那里露出坛罐碎片和动物骨头一类东西，马上意识到这是文物，便立即电告县文化馆。经县文物干部许金耀踏查，认为这是一处年代古老的文化遗址，所以他要求公社暂停施工，保护好现场。消息很快传到杭州，王士伦到工地察看，并带回一批兽骨、骨器及黑陶片等出土物，考古专业人员认为这些黑陶片不似良渚文化遗物。为了及时配合基本建设，尽快弄清情况，汪济英、魏丰、牟永抗、劳伯敏、梅福根和傅传仁等同志急赴余姚进行抢救性发掘。

这次抢救性发掘在已经施工的地方布了 5×5 米探方一个（编号 T1），又在其东北角约 6 米处布 5×5 米探方一个（编号 T2）。然后在东距 2 号探方 80 米处再布 5×3 米的东西向探沟一条（编号 T3）。最后在 T3 中找到了地层叠压关系，证明排涝站出土的这批黑陶片是被压在近似马家浜文化面貌的地层之下的。可以说，到 20 世纪 70 年代为止，出土这批黑陶片的地层是浙江考古史上相对年代最早的一处新石器时代遗址地层。

其实，河姆渡遗址曾两度撩开面纱，但由于种种原因，没能被人所认识。一次是抗日战争时在这里掘地挖壕沟，即使出土一些文化遗物，也不会受到重视；另一次是 20 世纪 50 年代时在这里挖渠道，挖到深达 3 米左右时，发现木结构建筑构件，后被当作神话故事一直流传在乡间，也未被重视。

（二）河姆渡文化的确立

河姆渡遗址第一次考古发掘从 1973 年 11 月 9 日开始至 1974 年 1 月 10 日，历时六十余天。参加这次发掘的有刘军、牟永抗、梅福根、姚仲源、劳伯敏、吴玉贤、魏正瑾和地、县级文物干部林士民、许金耀、王利华、张梅坤、袁展如等。同时，浙江博物馆自然组的魏丰、韦植、韦思奇参加了对动植物

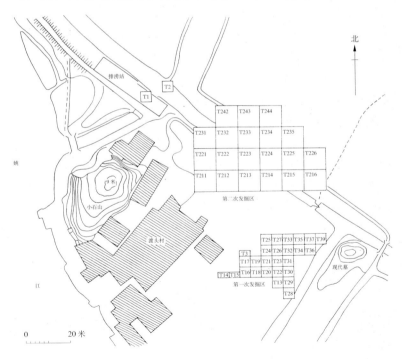

图二 河姆渡遗址发掘探方分布图

遗存的收集和鉴定工作。这次的发掘地点选在渡头村东北，发掘面积810平方米（其中 T8—T11、T13、T16—T37、T39 共二十八个探方为 5×5 米，合计 700 平方米；T4—T7 四个探方为 5×4 米，合计 80 平方米；T14、T15 二个探方为 5×3 米，合计 30 平方米）。靠南八个探方（T4—T11，合计 180 平方米）内的文化堆积在距今五千年左右被姚江洪水冲刷殆尽，地层中只见砂土，不见任何包含物。因此，这次实际发掘面积只有 630 平方米（图二）。

河姆渡遗址地层厚度达 4 米左右，包含了四个时期，经历了距今 7000—5300 年的发展过程。这虽在人类历史发展的长河中只是短暂的一瞬间，但就在这近两千年间，河姆渡人创造了多项人间奇迹，为人类文明作出了重大贡献。

第一、二文化层的厚度约 2 米，其中发现的遗物大部分是破碎陶片，有釜（锅）口沿和釜腹片、鼎足、豆盘（高脚盘）、豆圈足、罐口沿及釜支架等。陶片有红色、灰褐色、外红里黑还有施红衣、灰衣的……这些与杭嘉湖地区发现的嘉兴马家浜和吴兴（今湖州市）邱城遗址下层出土的马家浜文化及上海青浦崧泽文化遗物面貌相近。可能由于缺水的原因，致使有机物不易保留，剩下的只能是些无机物——石器和陶器。第三层出土一些板材、木柱、木桩及横梁，在木柱下还有垫板。其次是夹杂其间的大量夹炭陶器皿及其碎片，还有石器、骨器（耜、镞、锥、凿、匕）和木器。第四层被专业技术人员称之为"夹心饼干"层，其中发现碧青的稻秆和稻叶，叶脉清晰，还有木屑等有机物。令人喜悦的是在这层中发现了人工栽培的保留有谷芒的金黄色稻谷粒、谷壳及炭化了的米粒，有的稻壳上的绒状稃毛也依稀可辨。这是长江下游发现的最早的新石器时代地层，距今约七千年。在第四层中还出土了鱼禾纹和守祭纹陶盆、彩陶片、连体鸟纹骨匕及缠藤条木筒等一批珍贵文物。其中最为珍贵的要算底部发现的排列有序的木构建筑遗迹。它被建筑学家称为干栏式建筑的基础，与此同时还发现了一批具有科学价值的凿卯带榫的木构件。

1974 年 1 月，第一次田野发掘工作结束后不久，相关单位即向国家文物局汇报了河姆渡遗址发掘情况，并得到肯定。这是我国新石器时代考古的重大发现和突破。1976 年 4 月 5 日至 12 日，浙江省文化局在杭州召开了"河姆渡遗址第一期（次）发掘工作座谈会"，会上将河姆渡遗址第三层和第四层命名为"河姆渡文化"。此后这一名称逐渐被考古学界认同。

（三）江南史前考古的重大突破

这里谈到的江南史前考古，实际上是长江以南的新石器时代考古。在河姆渡遗址发现之前，史前时期的整个长江以南辽阔地域被误称为蛮荒之地。有人说直到六朝、甚至宋代，南方才成为较发达的区域。传说在北宋晚期，邵雍在洛阳桥上听见杜鹃啼声，预言南人北上，那时南方的力量才开始进入历史舞台的中心[1]。还有人认为"江南一带新石器时代未必有人类居住之可能"。对于江浙出土的石器，有学者指出其"时代也只可推定到周末为止，而似不能再为提高了"。理由之一是这些石器的钻孔技术很高，"似用铁器旋转而入，这为金石并用时期的产物无疑"[2]。直到 20 世纪 50 年代前期，人们还把苏南、浙北新石器时代的年代定在吴王寿梦元年之前，后来又提到殷周之际。此学术观点一直维持到 20 世纪 70 年代初期。当河姆渡遗址碳十四年代距今约七千年这一消息公诸于世后，江南史前考古才引起了各方关注。河姆渡遗址的发现与发掘纠正了史学界和考古学界的传统看法。河姆渡文化成了长江下游地区乃至整个长江流域最早的新石器时代文化，这在中国新石器时代考古史上是个重大突破。我们的祖先不仅在黄河流域，而且同时也在长江流域缔造了中华民族光辉灿烂的远古文化，黄河与长江同是祖国古老文化的摇篮。

河姆渡文化的发现在海内外的专家学者中产生了巨大反响。著名考古学家夏鼐先生指出，最近发现的余姚河姆渡遗址，其上层（即第一、二层）与崧泽下层文化相当，测定年代为公元前 3710±125 年（BK75058），而河姆渡下层（即第三、四层）更早，文化面貌也与上层的有所不同。它的两个年代数据（71、72）为公元前 5005±130 年（BK75057）和公元前 4770±140 年（ZK263）。这两个数据，现在我们无法断定哪一个较接近于真实年代。二者的平均值是公元前 4887±96 年。河姆渡下层文化是前所未见的，可依原简报称之为"河姆渡文化"。这个文化年代古老，其文化内容又是丰富多彩。它的农作物主要是水稻，农具是骨耜。家畜有猪、狗，可能还有水牛。有使用榫卯技术的木构建筑。陶器是夹炭末的黑陶，造型简单，主要是釜、钵、罐、盆、盘五种，有类似鼎足的活动支座，但是没有鼎、豆等[3]。夏鼐先生在另一篇文章中又指出，长江流域最近有许多重要发现，其中最重要的是浙江余姚河姆渡文化的发现。它的年代与北方黄河流域的仰韶文化早期（半坡）同时，或许开始稍早……从前我们认为良渚文化（约公元前 3300—前 2250 年）是我们所知道的长江下游最早的新石器文化，并且认为良渚文化是龙山文化向南传播后较晚的一个变种。实则这里是中国早期文化发展的另一个文化中心，有它自己独立发展的过程[4]。著名考古学家苏秉琦先生曾将河姆渡文化和良渚文化喻为"浙江史前文化的两朵花"，并指出，河姆渡文化有特殊地位，全国相当于此时的遗址比不上它。

　　著名考古学家、第四纪地质学家贾兰坡先生也指出，河姆渡遗址的发现，使人耳目一新[5]。后来，著名华裔考古学家、美国哈佛大学人类学系张光直先生在考察了河姆渡遗址后认为，河姆渡文化是个全新文化。他在1983年为意大利威尼斯举办的中国文明起源展览会的图录写了一篇文章，其中描述河姆渡文化时写了这样一段话：在华南，所知甚详而发掘最多的是河姆渡文化，河姆渡遗址原来是一个建于湖边的木构村落，其遗物有特别丰富的石器、骨器、木器、陶器和动物与植物的遗存。遗址的位置（在浙江北部余姚附近一座小山和一个古代的小湖之间）说明当时的村落可通达非常丰富的地上和水中的植物与动物资源，而遗址的遗物中充满了这些植物果实和动物遗骸，有野生的，也有家生的，主要包括稻米、瓜、菱、葫芦、猪、狗、水牛和水龟。这里的稻米遗迹是全世界最早的之一，其栽植曾使用过一种特殊的用大型哺乳类动物肩胛骨所做的锄头。陶器灰黑色，常带绳纹，有的刻划有动物与植物纹样。骨雕和木雕也可为此地艺术高度发达之证，而木器尤为精致且保存良好。其他特别令人注意的器物有一个织布用的木梭和一个上漆的木碗。一长系列的放射性碳素年代将遗址的下层很结实地放入公元前的第五个千年[6]。澳大利亚国立大学远东历史系皮特·贝尔伍德博士在参观河姆渡遗址后认为，奥斯特洛尼西亚人等整个南亚人与中国都有关系。南亚的陶器多见圜底，少见平底，发现的石斧、石锛与河姆渡文化相似。在台湾发现的纺轮与河姆渡文化相似，奥斯特洛尼西亚人与河姆渡文化有密切联系。澳大利亚悉尼市迪米蒙地电影制片公司也在20世纪80年代初特地到河姆渡遗址拍镜头，作为《边缘上的人》（一部记录太平洋沿岸历史的电影）的序幕（引子）。他们认为河姆渡遗址是太平洋沿岸人类文明的发祥地[7]。日本考古学家及农学家接二连三地慕名前来实地考察。其中有日本著名考古学家、农学家江上波夫、国分直一、樋口隆康、江坂辉弥、金关·恕、渡部忠世等先生，不只一次参观河姆渡遗址，对河姆渡稻谷东传颇感兴趣。日本已将河姆渡文化遗址载入1979年版的《世界考古学事典》。英国1980年出版的《剑桥考古学百科全书》也比较详细地介绍了河姆渡文化，并配上了彩画。联合国教科文组织还将这个人类重要遗址填入标记着世界著名景点的世界地图[8]。2001年1—3月，在中国社会科学院考古研究所领导下，经过全国一百一十二位同行专家组成的"通讯评委"和二十四位在京知名专家学者组成的"评选委员会"评选后，2001年浙江余姚河姆渡新石器时代遗址的发掘入选了《考古》杂志组织举办的"中国20世纪100项考古大发现"。

注 释

[1] 李学勤《长江文化史》序言，李学勤，徐吉军主编《长江文化史》第2页，江西教育出版社1995年版。

[2] 胡行之《浙江果有新石器时代文化乎？》，吴越史地研究会编《吴越文化论丛》第282—289页，上海文艺出版社1990年版。

[3] 夏鼐《碳－14测定年代和中国史前考古学》，《考古》1977年第4期。

[4] 夏鼐《中国文明的起源》，《夏鼐文集》上册第412页，社会科学文献出版社

2000 年版。

[5] 贾兰坡《浙江余姚河姆渡新石器时代遗址动物群》序，魏丰、吴维棠、张明华、韩德芬《浙江余姚河姆渡新石器时代遗址动物群》，海洋出版社 1989 年版。

[6] 张光直《考古学专题六讲》第 50 页，文物出版社 1986 年版。

[7] 陈忠来《河姆渡文化探原》第 230 页，团结出版社 1993 年版。

[8] 同 [7] 第 4 页。

二 河姆渡文化的初步研究

　　继河姆渡遗址第一次发掘之后，在认真听取"河姆渡遗址第一次发掘工作座谈会"专家学者意见的基础上，浙江考古工作者对开展河姆渡遗址第二次发掘的必要性及可行性进行了充分研究，并经报国家文物局批准，对河姆渡遗址进行了第二次发掘。

　　此次发掘开始于 1977 年 10 月 8 日，结束于 1978 年 1 月 28 日。参加发掘的人员有刘军、梅福根、姚仲源、牟永抗、劳伯敏、吴玉贤、王明达、陈元甫、林华东、胡继根、郑旭明（浙江博物馆浙江省文物管理委员会）姚桂芳和张玉兰（杭州市文化局）、林士民和丁友甫（宁波市文物管理委员会办公室）、隋全田（吴兴县博物馆）、匡德鳌（安吉县文化馆）、王利华（奉化县文化馆）、陆耀华（嘉兴市博物馆）、沈作霖（绍兴市文物管理委员会办公室）、崔成实（衢州文管会办公室）、朱金奎（平湖县博物馆）、许旭尧（丽水县博物馆）及陈寿钧（余姚县教育局）等。同时参加发掘工作的还有收集和处理动植物遗存的魏丰、韦思奇、黄以之，负责工地照相的张书敏，负责有机质文物保护的卢衡，负责出土文物管理的邱国平，负责出土文物修复的陈瑾、朱卫红。中国社会科学院考古研究所杨鸿勋先生和南京大学地理系刘泽纯先生应邀常驻工地，分别对干栏式建筑的发掘、记录、研究和地层形成的机理等方面提供了热忱帮助。

这次发掘布 10×10 米探方二十个（T211—T216、T221—T226、T231—T235、T242—T244）。地层划分从第一次发掘的四大层，细分为八个地层（即第一次发掘的第一层仍为第一层，第一次发掘的第二层分 2A 层和 2B 层，第一次发掘的第三层分 3A 层、3B 层和 3C 层，第一次发掘的第四层分 4A 层及 4B 层）。经第二次野外考古发掘和后来的室内资料整理，证明第一次发掘的地层划分是正确的。同时发现河姆渡遗址四个地层之间前后的承继关系较清楚，一些基本的文化特征贯穿四层始终，几种主要器物发展演变轨迹脉络也很清晰。因此，我们在写发掘简报时把河姆渡遗址四个地层视为一个整体，统称为河姆渡文化，并自下而上，按地层早晚顺序把各层遗存分别称为第一期文化、第二期文化、第三期文化和第四期文化[1]。第一、二期文化处于繁荣发展期，第三、四期文化处于融合衰落期。

先后两次发掘共获得出土文物达六千一百九十件之多，动植物遗存也特别丰富。丰富的文化内涵为同时代的其他遗址所不见。

（一）河姆渡遗址的保存条件

河姆渡遗址之所以能保存如此之多的文化遗存，是由于河姆渡遗址周围的自然环境有利于地下文物的保护。首先，这里气候湿热，依山傍水，处于海积平原环境之中，当时河姆渡先民居址的高程为 -1—1.5 米，说明当时海平面高程比今日略低。现在地面高程接近海平面，地下水位高，使文化层一直处于潜水面以下。在两次发掘过程中我们深有体会，当挖到文化层时地下水冒出，给考古发掘辨别迹象带来了不少困难。但是，如果没有这些水，地下有机物就不可能保存如此之好、如此之多。其次，河姆渡遗址处在杭州湾南岸一片由泻湖演变而成的湖沼南缘，河姆渡遗址文化层形成过程中曾经历两度海水侵犯，覆盖了两层泥质海相层，起到了隔绝空气的作用。第三，河姆渡遗址文化层的地球化学环境呈弱酸性或中性与中性或弱碱性相间分布[2]。上述三项条件创造了河姆渡遗址得天独厚的优良的保存环境，使得一大批具有极高科学研究价值的有机物保存了下来。

（二）河姆渡遗址的文化内涵

河姆渡遗址经过两次较大规模的发掘，发现了河姆渡先民遗留下来的大批遗迹和十分丰富的遗物。

1.丰富的遗迹

（1）建筑遗迹

带榫卯的木结构干栏长屋建筑遗迹在河姆渡遗址第一期文化中保存最多，可谓鳞次栉比。这些建筑遗迹排列较有规律，在第一次发掘时揭露十三排木桩，第二次发掘时揭露十二排木桩和四个木构圆形栅栏圈（图三）。排桩由桩木、板桩和圆木组成。根据《河姆渡——新石器时代遗址考古发掘报告》分析推测，先后两次发掘，至少发现有六组（栋）以上建筑。这种建筑一般应是下部打桩，形成架空的房基，桩上固定横梁，铺以木板为居住面的"干栏式"建筑。我们的根据是：房屋建筑所在地段背靠小山，北临湖沼，地势由西南向东北略成缓坡。房屋依山而建，背山面水布置，地势低洼潮湿。4B层发掘区

图三 木构圆形栅栏圈建筑遗迹

内未发现经过加工的居住面，4B 层面（4A 层下）露头发现较多短横板（地板），其下有大量的有机物堆积，如橡子、菱角、酸枣等果壳和果核，还有鹿、猴等兽骨以及飞禽类骨骸，鱼、龟、鳖、蚌等水生动物遗骸。这些应是河姆渡先民食用后废弃的，只有干栏式建筑才有可能形成这层较厚的堆积物。4B 层露头发现的横板长约 0.7—1 米，均为干栏式房屋的地板，房屋两排桩木应是干栏式房屋的基础，排桩每隔 1.2—2 米有根较粗的桩木，折断处往往残留卯口，承托着带榫头的地梁。地梁上偶尔压着地板。根据第十三排 L1 号桩承托的地梁之上的地板推测，原来地板比室外地面高出 0.8—1 米左右。地板支座以上应为梁柱结构，柱高约为 2.63 米。遗址出土有芦席残片，可能是椽木上承托茅茨屋面的席箔，也有可能是地板上的铺席遗迹。

图四 干栏式建筑遗迹

根据第一次发掘的排桩走向分析，十三排之中至少有三栋以上的长屋，其不完全长度达 23 米，进深约 7 米左右，面水一侧有宽达 1.3 米的外廊，地板高出当时地面 0.8—1 米左右。第二次发掘也发现有十二排排桩，可能也有三栋以上建筑（图四）。前后两次发掘共揭露了六栋以上干栏式建筑，这些建筑遗迹均为第一期文化的建筑遗存。由于地板排列方向不一致等原因，不排除第一期文化时期存在过先后两期建筑。

第一期文化的另一木构遗迹，位于第二次发掘区的北面，即 T242、T243 和 T244 探方内的三排方向基本平行的小木桩（图五），其直径一般只有 0.05—0.06 米左右，桩木的间距很小（图六）。从发掘现场看到这几个探方均处于遗址北缘，地势呈缓坡状向前延伸，伸向沼泽。这三排桩木正好被布置在缓坡地段上。这三排小木桩在建筑时间上不一定一次完成。

图五　第二次发掘第一期文化建筑遗迹

图六　桩木排桩局部

第一期文化的河姆渡先民在创建干栏式房屋的同时，发明了梁柱榫卯的制作技术，在发掘现场我们看到用以连接梁架的柱头榫及用以连接地栿或地板梁的柱脚榫、受拉杆件（联系梁）、带销钉孔榫、燕尾榫、平身柱与梁枋交接榫卯、转角柱榫卯、直棂栏杆榫卯眼、企口板、带凹槽构件以及刻花木构件等。

第二期文化的建筑遗迹不像第一期文化那样多且有规律，但所揭露的木柱用材粗大，加工都十分规整，边线整齐，棱角清晰。大型木柱的普遍使用，标志着此时的木结构制作技术比第一期文化有了较大程度的提高。木质垫板的发明和使用，表明了河姆渡先民当时已懂得利用扩大接触面的办法防止建筑物下沉，这是长时间在潮湿地带建房积累起来的实践经验。

放木柱时一般都必须先挖好柱坑，垫上木板后放入，然后回填泥土夯实。也有将木柱直接放进，然后嵌入木块或石块加固的做法。遗址中发现的柱子均为下段木柱，不见上段柱子，比较零乱，看不出单元结构。根据残存的硕大柱子及地面上成堆的橡子、酸枣等果实和灰烬等用火遗迹分析，第二期文化房屋是木结构的地面建筑。根据 3B 层底部发现多数长度在 0.85—1.3 米之间的板材情况来分析，这种地面建筑室内部分可能铺有木板以防潮湿。

第三期文化的房屋建筑遗迹只有些零星柱洞，无规律可寻。但可喜的是在第一次发掘区东北角的四个探方（T34—T37）中部，发现一口木构水井（图七）。水井叠压在 2A 层之下，打破第三、四层，属第三期文化较早阶段的建筑。这口井（J1），上为一个不很圆的圆形坑（直径约 6 米），下为一个边长约 2 米的方坑。圆形坑呈锅底形，深处不足 1 米，坑内为黑

图七　第三期文化木构水井

色淤泥。圆形坑边有一圈栅栏桩，桩木残存二十八根，围成一个不规则的圆形，桩距不等，东北、西、南都有缺桩。桩木直径一般约 0.05 米，垂直入地约 1 米，最深达 1.42 米。其中编号为 202、217 的两根桩较为特殊，其直径约 0.08 米，南北对称，斜向入地，与水平面成 55°。方坑位于圆形坑底中央稍偏西北，坑底距地表约 1.35 米，坑壁四周密排圆桩或半圆桩（直径约 0.06 米），并加水平方框加以固定。水平方框由四根粗约 0.17 米的木料构成，其中南、北两根（截面半圆形）各有一个 0.13×0.18 米的卯口。东、西两根（截面圆形）两端均有榫头，出土时四面交接仍为原状。方坑桩木支护结构上端，有十六根平卧的圆木构件，长约 1.96—2.6 米，直径 0.15—0.18 米，出土时架成方框，仍在方坑口原位，少数散乱。这些圆木构件有六根的一端留有丫杈，其中一根的一端有类似后世的"十字斗口"（这是一根重复利用的旧料，原来可能是支承双向横梁的立柱）。方坑内偏东南残存一根直立的圆木桩残段（编号233），直径0.18米。此桩与上述编号为202、217的两根斜木头平面位置基本在同一轴线上。方框内偏西北还有直立的另一大型方柱，应该是晚期木构打入了这一层。

另外，圆坑及方坑中还出土一些由中心呈放射状分布的、截面较小的圆木构件残段和芦席残片。在方坑外，大圆坑的坑底淤泥中发现深浅不一的若干大石块，其较平一面均朝上。方坑底部淤泥中还出土有带耳罐等陶器和生产工具。

推测这样的结构可能是一种建有井亭的木构水井的雏型。不规则圆形坑边残留的二十八根桩木就是当时支撑盖顶的维护结构，以利于保护井水的清洁。当雨量充沛时，方坑内的井水溢出，积满不规则的圆形大坑。当久旱无雨时，地下水位下降，木构方坑重见天日。此时露出的结构正如我国象形文字"井"的形象。这种木构井干水井，后来在浙江省的一处良渚文化遗址——余杭区庙前遗址中也曾有发现，其井干由有榫卯结合的木板层层叠压而成。

第四期文化的房屋建筑遗迹主要在第一层下发现直径约0.15—0.18米的坩埚形柱础。经发掘现场解剖，这种坩埚形柱础是按如下方法加工而成：先在要建房的地方安排立柱位置，然后在此位置上挖出一个坩埚形的小土坑，再用掺合有黏土和碎陶片等的"料土"分三四次倒入坩埚形坑，每倒入一次"料土"就砸实一次，经过三四次"倒入"、"砸实"就形成了一个"暗础"。这种暗础就是今世柱础的雏形。"暗础"的发明在防止承重柱下沉和霉烂以及延长其使用年限等方面起着重要作用。

（2）灰坑

河姆渡遗址除发现干栏式建筑及水井遗迹外，还发现了各期文化的灰坑共二十八个。在第一期文化中发现五个圆形和椭圆形灰坑。多数灰坑内放有橡子、酸枣和菱角等植物果实，个别灰坑还出有陶豆等器物。第二期文化发现十个灰坑，多数作圆形，少数椭圆形，个别呈矩形。不少坑的坑底有苇席铺垫，多数坑中发现动植物遗存，有三个灰坑出土有此期文化的陶器。第三期文化也发现灰坑十个。圆形和椭圆形的灰坑仍然占多数，个别呈长方形和不规则形。多数灰坑内发现陶片或完整的同期文化的陶器，少数灰坑出土有机物。第四期文化灰坑只有三个，呈椭圆形和圆形，除出土陶片外，还有植物果实等有机物。

（3）墓葬

河姆渡遗址发现墓葬的数量不多，仅有二十七座。这些墓葬均分布在河姆渡先民的生活区内。在第一期文化中发现用陶釜和陶罐作葬具的瓮罐葬各一座，陶釜、陶罐内有可辨婴儿破碎头骨及肢骨。第二期文化中发现十三座墓葬，集中在第二次发掘区的中部和东部偏南处，多不见墓坑，少数墓可以找到墓边，发现墓坑。绝大部分人骨架保存状况良好，葬式多侧身屈肢，头东脚西，面向北，不见葬具，几乎无随葬品。第三期文化中墓葬只见三座，未见墓坑，人骨架保存尚好，但骨骼残缺不全，侧身屈肢葬，头东脚西，面向北，不见葬具和随葬品。第四期文化的十一座墓葬大多不见墓坑，人骨架保存甚差，有的朽成粉末，有的朽之不存，仅见其中一座墓有一木板作葬具（图八），其余均无葬具。现场观察粉末状骨架获知，此时的葬式为仰身直肢，继承了多为头东脚西、面向北的葬俗。此时的

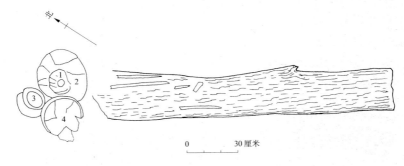

图八 第四期文化墓葬 M5 平面图

1.陶豆 2—4.陶釜

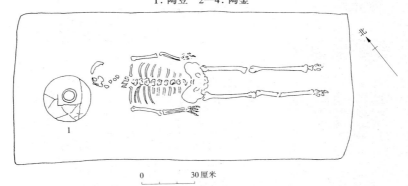

图九 第四期文化墓葬 M4 平面图

1.陶豆盘

墓葬均有随葬器物，不过数量不多，最多者仅七件，最少的一件（图九）。而且多为死者生前的实用器皿。随葬品数量未出现多寡悬殊的现象，从一个侧面表明河姆渡遗址第四期文化先民可能还处于母系氏族社会晚期。

2.独具特色的文化遗物

通过两次考古发掘，考古工作者们不仅发现了大批遗迹，而且获得了六千一百九十件出土器物。现依器物质料的自然属性按文化分期从早到晚分别叙述。

（1）陶器

第一期文化陶器共一千二百八十五件。其特点鲜明。陶土中掺和植物茎叶碎末和谷壳等有机物，烧成后这些有机物变成

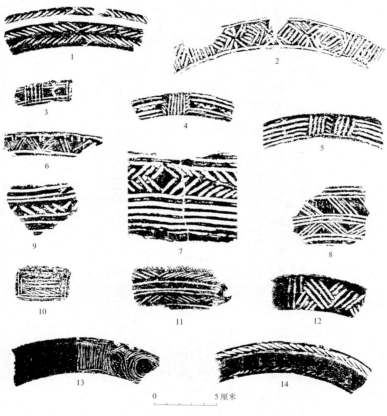

图一〇　第一期文化4B层陶片纹样拓片

1.T233　2.T214　3.T222　4.T231　5.T222　6.T221　7.T221　8.T211
9.T222　10.T221　11.T223　12.T216　13.T242　14.T222

炭，烧成温度在 800—850℃ 之间，火候较低。解剖陶片可以
清楚地看到陶胎中炭化了的谷壳形状。此期陶器一般在缺氧的
还原焰中烧成，使得有机物掺和料仅达到炭化程度，故器表多
呈黑色，俗称"夹炭黑陶"。据《河姆渡——新石器时代遗址
考古发掘报告》部分探方陶片计算（第二期文化同）结构显
示，夹炭黑陶（含彩陶）在此期中占 79.9%，夹砂黑陶占
20.1%，釜的陶片数量居各种可辨器形之首，占可辨器形陶片
数量的 68.09%。

陶器全部是手制的，器壁厚薄不均，色泽不匀，制作较粗
糙，常见歪、斜、扭、偏等现象，反映了制陶工艺的原始性。
夹炭黑陶器壁厚，但重量较轻，质地疏松，吸水性强，硬度
低。夹砂黑陶器壁较薄，但重量较重，质地硬实。

纹饰繁缛，以几何形图案为主（图一〇），偶见动植物纹
图像（图一一）。几何形图案母题花纹为弦纹、贝齿纹、短斜
线纹、谷粒纹及圆圈纹等。由这些花纹交错间隔组成丰富多彩
的几何形图案，主要刻划于敞口釜的颈肩部位、敛口釜口沿和
颈肩部位。动植物纹图像少见，多刻划在盆与钵的腹壁上。陶
器种类一般有釜、罐、盆、盘、钵、盂、豆、盉、器盖、器
座、纺轮和釜支架等。实际上主要器形只有釜、罐、盆、盘、
钵及纺轮。D 型敞口釜和 C 型敛口釜（本书使用的"型"与
"式"均采用《河姆渡——新石器时代遗址考古发掘报告》中
的"型"与"式"）（图一二）、双耳罐、釜支架和器座等最具特
色。平底器和圜底器多见，不见三足器。

第二期文化陶器共四百一十一件。其胎质、制法、纹饰、
器物种类及型式等主要方面，均与第一期文化雷同。不过在胎
质中，夹砂陶增多，占 42.2%，夹炭灰陶占 56.93%，釜的陶

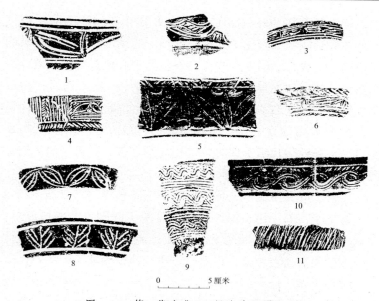

图一一　第一期文化4A层陶片纹样拓本

1.T213　2.T212　3.T231　4.T213　5.T232　6.T214　7.T215　8.T242
9.T242　10.T224　11.T235

片数量仍居各种可辨器形之首，占可辨器形陶片总量的
58.56%。器表较第一期文化偏灰。引起陶色由黑变灰的原因
可能与陶胎中炭的成分减少或者因烧造过程中温度得到加强有
关。夹砂灰陶烧成温度一般在800—930℃之间。新出现的泥
质红陶占0.7%，泥质灰陶占0.13%。一部分盆、罐、盉为泥
质红陶，个别罐为泥质灰陶。

在某些器物的细部制作方面可看出此期特点，如D型敞
口釜和C型敛口釜的颈部由长变短，肩腹界限已变得不明显，
突脊制作简单，大多近似附加堆纹。C型敛口釜口沿倾斜角度
增大而变得斜直。此期的釜器身较扁矮，腹部多外鼓，最大径

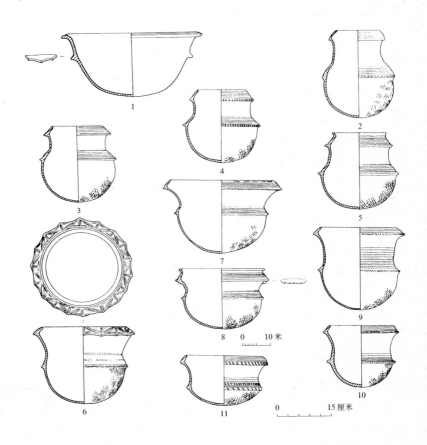

图一二　第一期文化陶敞口釜和敛口釜

敞口釜：1.D型 T211（4A）：181　　敛口釜：2.C型Ⅰ式 T35（4）：49　3.C
型Ⅱa式 T234（4B）：315　4.C型Ⅱa式 T212（4A）：104　5.C型Ⅱb式
T232（4A）：87　6.C型Ⅲa式 T26（4）：34　7.C型Ⅲa式 T223（4A）：184
8.C型Ⅲb式 T235（4A）：101　9.C型Ⅳ式 T212（4B）：152　10.C型Ⅳ式
T33（4）：103　11.C型Ⅴ式 T221（4B）：225

往下降形成宽大的圈底，器形显得稳重。此期的豆制作精细，器表经过刮削打磨变得光滑亮丽，器形硕大。

器表花纹大为减少，除釜腹继续使用绳纹外，G 型敞口釜和 C 型敛口釜的口沿及肩部仍刻划几何形图案，不过这些图案都较简洁明快，显得疏朗。部分釜、罐、钵的唇部饰花边。部分罐耳也饰条纹。总体来讲，第二期的纹饰明显减少，即使第一期文化中装饰繁密的 G 型敞口釜和 C 型敛口釜也不例外，而陶塑艺术品则引人注目。

第二期主要器形与第一期文化变化不大，基本器形仍保留了前期风格，但有的器种变化明显。如第一期文化的 A 型敛口釜已消失、C 型敛口釜和 A 型双耳罐及盆、盘等器形数量大幅下降。与此相反，E 型Ⅲ式和 G 型Ⅴ式敞口釜增长较快，它们成了第二期文化的主流炊器。同时还出现了灶、甑（图一三）、牛鼻耳罐和鸟形盉等新器形。

第三期文化陶器共一百零六件。陶质仍袭第二期文化，据 T233、T226 和 T234 三个探方出土的陶片统计（第四期文化同），夹砂灰陶占 40.28%，夹砂红陶占 25.98%，泥质红陶占 21.33%，泥质黑陶占 0.78%，夹炭陶的数量比第二期文化减少，只占 8%。釜（鼎）的陶片数量仍居各种可辨器形之首，占可辨器形陶片数量的 58.66%。夹炭陶经中国科学院上海硅酸盐研究所李家治先生鉴定，其成分与第一、二期相似，掺和料也是稻杆、稻叶和谷壳等一类有机物，不同的是烧成温度较高，器表有一层陶衣，这种夹炭陶当器表的陶衣脱落时就露出疙瘩毛糙的炭胎。一般来说，用这种质料制作的陶器多是釜、罐一类器物。泥质黑陶豆的器表也常有一层黑衣，胎心多呈灰色或浅红色。夹砂灰陶数量最多，质地坚硬，砂粒较粗，器表

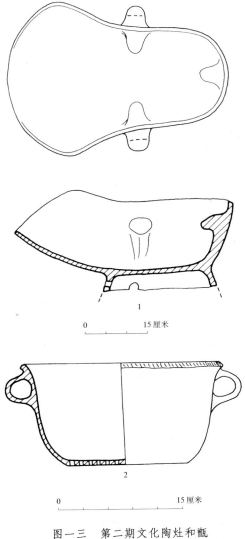

图一三 第二期文化陶灶和甑

1. 灶 T243（3B）:49 2. 甑 T31（3）:8

也常有一层灰色陶衣，器壁较重。釜、鼎及器盖多属夹砂灰陶。泥质红陶的特点主要是胎表外壁红内壁黑，简称"外红里黑"。胎心呈浅灰色或灰褐色，显然是在烧制过程中未能全部氧化所致。胎壁较厚，质地细腻，外表常有一层红色陶衣，容易脱落。豆、盆和钵式盉多为泥质红陶。总之，陶衣是第三期文化陶器器表常见的一个特点。

陶器的制法仍以手制为主，但已逐步规范定型，造型较为规整，少见歪斜扭偏现象，少数器物的口沿可能使用慢轮修整。胎质坚硬，火候较高，夹砂灰陶烧成温度一般在800—1000℃之间。

从第二期文化开始，陶器上的花纹装饰就进入了一个"删繁从简"的阶段，陶器纹饰显著减少，此时装饰花纹就更少，陶器基本上以素面为主。主要纹饰除绳纹外，有弦纹、斜线纹、镂孔和附加堆纹等。绳纹仍多见拍印于釜腹，弦纹和斜线纹多见于釜、鼎和盆的上腹部，镂孔多出现在喇叭形豆柄上，附加堆纹多被用来装饰釜、鼎及罐的腹部。

主要器形有较大的变化，G型敞口釜和C型敛口釜均已消失，C型Ⅴ式和E型Ⅳ式敞口釜上升为主流炊器。新增加了多角沿釜、钵形釜、扁腹釜和鼎（图一四）、盉等三足器。

第四期文化陶器共八十四件。陶质与第三期文化基本相同，但在数量上有所增长或减少。夹砂红陶上升为主要陶系，占70.95%，夹砂灰陶降至次要地位，占9.18%，釜（鼎）的陶片数量仍居各种可辨器形之首，占可辨器形陶片数量的65.2%。其余几种陶系所占的百分比都未超过夹砂灰陶。此期的泥质红陶少见陶衣，颜色不甚鲜艳，有的呈暗红色，有的呈桔黄色。器表看不出刮削打磨痕迹，火候较低，比较疏松，易

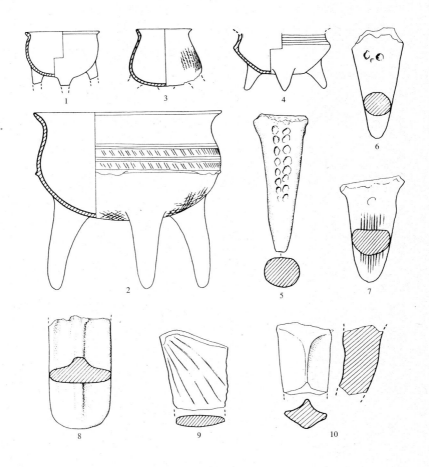

图一四　第三期文化陶鼎和鼎足示意图

1.A型I式鼎 T231（2B）:22　2.A型Ⅱ式鼎 H17:1　3.A型Ⅲ式鼎 T234（2B）:21
4.B型鼎 T232（2A）:4　5.圆锥型鼎足 T34（2）:1079　6.圆锥型鼎足 T234
（2A）:2055　7.扁锥型鼎足 T234（2B）:2056　8.舌型鼎足 T32（2）:1080　9.
鱼鳍型鼎足 T233（2A）:2057　10.棱型鼎足 T234（2B）:2058

成粉末状脱落。除泥质红陶外的其他泥质陶及夹炭陶承袭了第三期文化陶器的特点，陶衣已被普遍使用。夹砂红陶多见于釜、鼎、器盖和釜支架等，夹炭陶多见于盘口釜，泥质红陶常见于豆（图一五）和罐。

陶器的制法仍以手制为主，从相当一部分器物的口沿均匀和口沿有慢轮修整痕迹看，可能此期文化已出现轮制技术。由

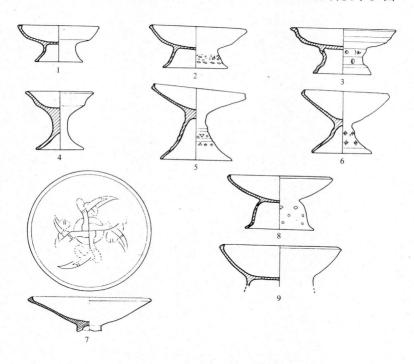

图一五　第四期文化陶豆示意图

1.A型Ⅶ式 M14∶1　2.A型Ⅶ式 M6∶3　3.A型Ⅵ式 T35（1）∶1　4.A型Ⅷ式 T25（1）∶1　5.B型Ⅴ式 M5∶1　6.B型Ⅵ式 M2∶3　7.B型Ⅶ式豆盘 M4∶1　8.B型Ⅶ式 M10∶3　9.B型Ⅵ式豆盘 M3∶2

于制陶技术的进步，陶器较前几期更为规范定型，绝大部分陶器火候较高，在 900—1000℃ 之间。

装饰花纹比第三期文化更趋简单，以素面为主。釜、鼎、腹除续见绳纹外，另可见弧弦纹与弦纹交错图案。此外还有附加堆纹等装饰在部分釜和罐的腹部。此期花纹装饰部位的一个突出特点是由以前的腹部下移到足部。如鼎足和豆圈足上的装饰花纹繁而不乱，富于变化。

陶器器形较前几期增多，品种较齐全，类别较丰富，不过完整器少。不仅有平底器、圜底器、圈足器和三足器，而且还有袋足器。

归纳起来河姆渡陶器方面的生活用具主要有如下种类：

釜。有敞口、敛口、盘口三类，不但数量多，造型富于变化，而且延续时间很长，各期特征明显。第一期文化的釜数量

图一六　第一期文化 C 型 V 式陶敛口釜

较多的要数 D 型敞口釜和 C 型敛口釜。这两种釜器形特殊，下半部呈半球形腹、深圜底。腹壁向下缓收，近底部曲度较大，腹壁上部有一道突脊（箍），脊以上为斜肩，其倾斜角度较小，肩之上系粗壮的颈。C 型敛口釜，其口部内贴口沿，其倾斜角度也较小（图一六）。有的器底有明显的烟熏痕迹，还有的内底留有烧焦的锅巴。这两种釜的肩部均有几何形图案装饰。腹部都拍印绳纹。敛口釜口沿也有几何形图案装饰，可见河姆渡先民特别珍爱釜。

罐。数量与釜相差无几，造型简单，器形变化不大，制作粗糙，绝大多数是素面。主要器形为双耳罐，其次是单耳罐。从罐耳穿绳的实物观察，有的可能是汲水器。

盆。数量不多，型式也简单，制作较粗，主要有敞口盆和

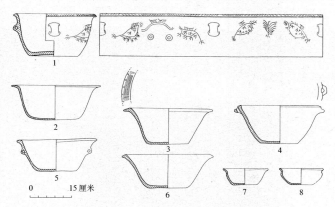

图一七　第一期文化陶盆

1.A 型Ⅰ式敞口盆 T29（4）:46　2.A 型Ⅱ式敞口盆 T242（4B）:378　3.A 型Ⅲ式敞口盆 T242（4A）:357　4.B 型Ⅰ式敞口盆 T216（4B）:142　5.B 型Ⅱ式敞口盆 T226（4B）:157　6.B 型Ⅲ式敞口盆 T224（4A）:179　7.C 型Ⅰ式敞口盆 T223（4A）:64　8.C 型Ⅱ式敞口盆 T243（4A）:216

敛口盆之分。敞口盆大部分不饰纹，少数器表刻划动植物纹图像，颇为生动。敛口盆口沿均刻划植物纹或变体叶纹图案（图一七）。

　　盘。数量很多，器形变化大，多角形口沿较有特点。器内壁均作打磨处理，器表显得粗糙，大多素面，少数有刻划纹。

　　钵。数量巨大，可能是河姆渡先民使用频率最高的器物。由于经常使用，损坏也较多，故此种器形特别简单。主要器形是敛口钵，其次是单耳钵，器壁内外均打磨处理。多素面，少数弧敛口钵的口外沿饰多道弦纹，个别弧敛口钵器表刻划动植物纹，图像栩栩如生。还有一件圆角长方钵器表刻划野猪纹图像，形态逼真。

　　豆。数量少，制作精致，器形矮小。可分盘形豆和钵形豆。口沿多刻划几何形图案（图一八）。

图一八　第四期文化 A 型 Ⅶ 式陶豆

图一九　第二期文化 A 型 II 式器盖

盂形器。这是一种特殊器形，数量不多，造型怪异，制作精美，普遍有一小口，宽肩上刻划繁缛花纹。其用途有待研究。

盉。有平底和圈底之分，制作较精，捉手与器嘴分别置于横轴和纵轴之上，便于使用。

器盖。推测其可能与釜配合使用（图一九）。

器座。筒身敞口，厚胎，底部稳重。器身和底座多刻划几何形图案。推测此种器座可能用来与釜配合使用（图二○）。

釜支架。系用加掺和料的粗质陶土制成。外形大体是断面作方形或圆形的块状体，全器稍向一侧倾斜，顶端支物面微斜，其内侧常有烟熏痕迹。据此推测，它的用途应是支撑圈底釜的支架以便燃火，使用时当是三个这样的支架为一组，相当于活动的鼎足。

图二〇　第二期文化A型Ⅰ式器座

（2）石器

第一期文化石器共四百二十七件。多以黑、灰色燧石为原料（硬度Ⅻ级），质地坚硬而脆，可以打制出尖锐的利刃，不易磨损，但容易崩裂，且难以磨光。此期文化选用这类硬而脆的石料制作各种石器，反映了河姆渡先民直接继承了旧石器时代打制石器的传统。旧石器时代制作石器的最原始办法就是把一块石头加以敲撞或碰击使之形成刃口，再加以修整而成石器。此期石器普遍保留打琢成形的原貌，只是在刃部磨制较精，减少使用时的阻力。这是河姆渡第一期文化石器的显著特征。这种情况表明，此期的石器较为原始，磨制技术还处于初级阶段。石器种类主要有斧、锛和凿，以斧为主，锛、凿次之。斧的典型特征是对称的双面刃。但对称双面刃的石斧甚少，绝大部分石斧两刃不甚对称（图二一），这是第一期文化石斧造型方面的显著特征。有一种斧起刃处特别厚，顶端锤击成球面形，满布麻点痕迹，这类石斧可能是当作楔子用于开裂木材的工具。同时还见琢孔石斧。锛的典型特征是双面刃一长一短，有的锛正面呈弧背，又称弧背锛。凿的特征是体形瘦

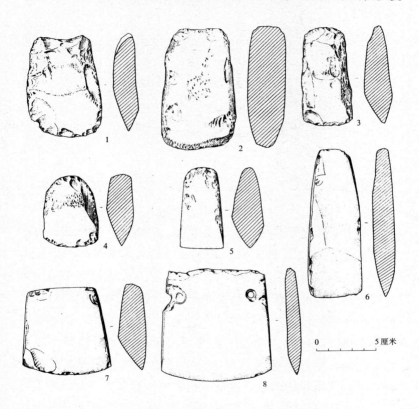

图二一　第一期文化石斧

1.C型 T213（4B）:103　2.C型 T216（4B）:201　3.C型 T212（4B）:220　4.C型 T212（4B）:182　5.C型 T221（4A）:127　6.D型 T224（4A）:168　7.D型 T225（4A）:131　8.E型 T211（4A）:203

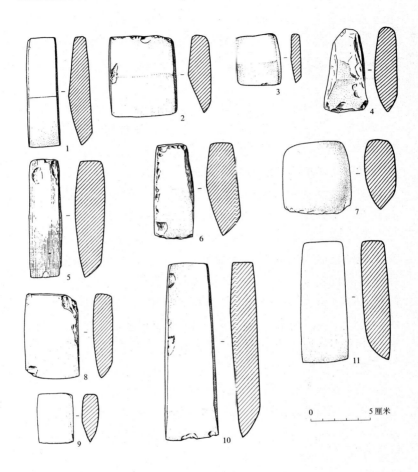

图二二 第四期文化石锛

1.A型 T222（1）:4 2.A型 T234（1）:6 3.A型 T32（1）:2 4.A型 T20（1）:10 5.B型 T222（1）:3 6.B型 T216（1）:6 7.B型 T36（1）:5 8.B型 T231（1）:7 9.B型 T221（1）:10 10.C型 T28（1）:1 11.C型 T32（1）:3

长，厚度略大于或接近于宽度，多磨制光滑平整，两面刃较锋利。除斧、锛、凿外，还有砺石，它用来加工石器、骨器或木器等，有"工作母机"之功能。此外还有玦、璜、管、珠等装饰品。

第二期文化石器共二百七十八件。从种类、质地及制作方法等观察与第一期文化基本相同，同是以坚硬的凝灰岩（硬度Ⅷ级）、泥质硅质岩（硬度Ⅴ级）、硅质岩（硬度为Ⅶ级）和板岩（硬度为Ⅴ级）等为原料。但此期石器打制和修琢痕迹已明显减少，磨制较精，器形较规整，轮廓较分明。磨制技术已得到较为广泛的使用。同时还多见萤石制作的装饰品。

第三期文化石器共一百一十九件。质料仍可见第一、二期文化那种质地坚硬的燧石、凝灰岩、硅质岩及泥质硅质岩等。器形种类较多，新出现了双孔石刀和管钻孔的石斧。斧、锛多修长，以锛为主，通体磨光，转折轮廓明显，造型规整，不见琢制痕迹。赭色叶腊石制作的纺轮很有特点。器形种类的增多，表明石器制造向定型化、专业化方向发展。

第四期文化石器共一百二十二件。此期石器与第三期文化一样以锛为主（图二二），斧为次，而且穿孔斧多见。斧、锛与凿多呈灰白或青灰色。其石料仍取材于较为坚硬的凝灰岩、硅质岩、砂质硅质岩和泥质硅质岩等。器形规整，通体磨光，轮廓分明。管钻孔及漏斗状（琢）钻孔同时并用。此期装饰品多取材于石英、萤石及叶腊石等，器形仍以玦、璜、管、珠为主，加工比较精致美观。

（3）骨、角、牙器

第一期文化中的骨、角、牙器共一千九百三十一件。骨器是河姆渡先民从事生产劳动最主要的工具,数量大,种类繁

图二三 第一期文化象牙蝶（鸟）形器

多，器形规整，制作精致。比较突出的有耜、镞、凿、锥、针、管形针、匕、哨、鱼鳔、镰形器、靴形器、蝶（鸟）形器（图二三）及器柄等。另外，还有纺织机零部件、笄（图二四）等装饰品和生活用品。这些骨器大多取材于大型哺乳类动物的肩胛骨、肢骨、肋骨、角和牙，也有取之于禽类的肢骨或鱼类的脊椎骨等。加工制作方法主要有敲砸、打凿和锉磨三种。其中锉磨应用得较为普遍，诸如裁切、剖割、较小的钻孔、刃部的制作均用此法。加工方法视不同器形的要求，有粗、细之分。如凿和锥主要使用部位在刃部，因此，除对刃部粗磨外，对器身的要求不高，稍作处理即可，故大部保留着骨（角）的自然面。再如笄，它是日常生活用品，其实也是装饰品，除用于固定头发外，还有一项观赏功能。因此必须通体精磨，加以精雕细刻，以满足人们的审美要求。这种粗犷、精细、朴实和

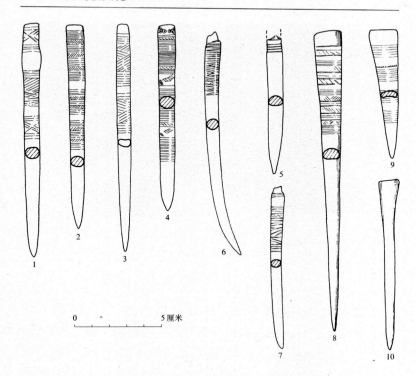

图二四　第一期文化骨笄

1.A型Ⅰ式T33（4）:62　2.A型Ⅰ式T27（4）:13　3.A型Ⅰ式T212（4A）:
107　4.A型Ⅰ式T215（4A）:50　5.A型Ⅱ式T216（4B）:125　6.A型Ⅱ式
T221（4B）:137　7.A型Ⅱ式T30（4）:47　8.B型T234（4B）:331　9.B型
T233（4A）:116　10.B型T19（4）:36

美观相结合的特点表明了河姆渡先民强烈的实用意识。

　　第二期文化的骨、角、牙器共九百九十七件（图二五）。
仍然是当时的主要生产工具和生活用具，数量仍多于石器、木
器。从取材选料、制作工艺、器物种类和器物的基本形制等方
面都与第一期文化相同，但有些器形加工更加规整，骨器雕刻

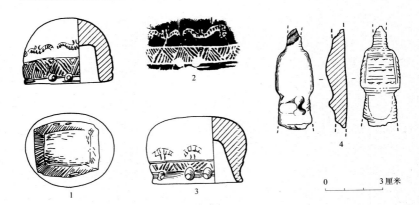

图二五　第二期文化象牙盖帽形器和象牙匕形器

1.象牙盖帽形器 T244（3B）:71　2.象牙盖帽形器 T244（3B）:71 拓本

3.象牙盖帽形器 T244（3A）:7　4.象牙匕形器 T25（3）:20

图二六　连体双鸟太阳纹象牙蝶（鸟）形器示意图

技术更趋娴熟、高超。因此出现了以连体双鸟太阳纹象牙蝶
（鸟）形器（图二六）为代表的令人叹为观止的艺术瑰宝。

　　第三期文化的骨、角、牙器共四十九件。也许由于保存条
件较之第一、二期文化差的缘故，此期的骨、角、牙器不仅数
量大减，而且质量也不如前。但从耜、镞、凿的形制观察，其

形制及加工方法承袭了第一、二期文化制作骨质材料的基本方法，并有所改进和发展。

第四期文化不见骨、角、牙器。

（4）木器

第一期文化的木器共三百四十三件。河姆渡遗址中保存了如此之多的木质生产工具和生活用具。这样的情况在我国新石器时代遗址考古发掘中尚属首次。木质工具是人类最早使用的工具之一，有很高的科研价值（图二七）。但由于木质材料保存条件的要求较之其他质料的保存条件要高，所以一般很难保存下来。故新石器时代遗址中出土的木器自然是凤毛麟角。第一期文化发现的木器大多用硬木材料加工而成。木器的加工制作较之石器和骨（角、牙）器容易得多，毕竟木质再硬也比不上坚硬的石质和骨质材料。因此，木器加工的主要方法是裁、削、剜、割、锉与磨。根据不同器物，采用不同的操作程序之后，一件工具或一个器物便成形了。比较突出的有桨、鱼形器柄、斧柄、锛柄（图二八）、织机部件、杵、槌及锯形器等。其中木蝶形器、木筒和木鱼等，做工精细，堪称河姆渡文化木器中的佼佼者。

第二期文化木器共三十件。从数量上看已大量减少，从木器质地看多取材于木质比较松软的树种，器形种类不多。加工制作方法与第一期文化基本相同。工艺制作水平较第一期文化有明显的进步，同时表现出了对圆形容器的设计制作。这时期木器的代表作有耜、槌、罐、盆及瓜棱形圈足碗等。

第三期文化木器共八件。加工制作方法与第一、二期文化基本相同。其中，耜保存较好，其余木器多残缺不齐。

第四期文化不见木器。

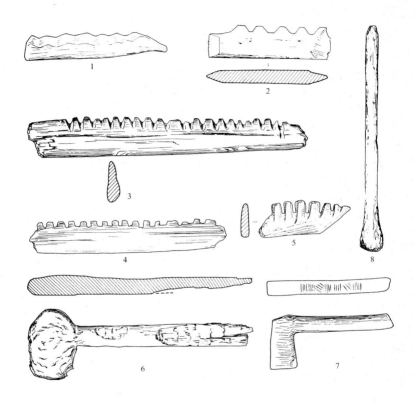

图二七　第一期文化木锯形器、槌和杵示意图

1.A型锯形器 T231（4B）:282　2.B型锯形器 T224（4A）:106　3.C型Ⅰ式锯
形器 T226（4A）:105　4.C型Ⅰ式锯形器 T226（4A）:118　5.C型Ⅱ式锯形器
T222（4A）:153　6.A型槌 T234（4A）:218　7.A型槌 T36（4）:18　8.杵
T233（4A）:115

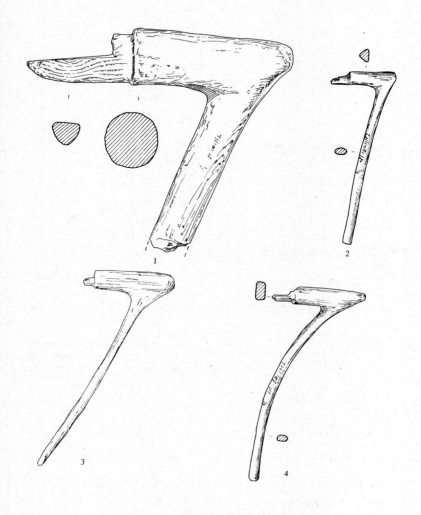

图二八　第一期文化木器柄示意图

1.B型 T36（4）:28　2.B型 T211（4B）:380　3.B型 T211（4B）:355
4.B型 T222（4B）:215

（三）河姆渡遗址大量的动植物遗存

1. 动物群

河姆渡遗址的两次发掘在第一期文化和第二期文化遗存中除发现了大批的遗迹和遗物外，还获得了十分丰富的动植物遗存。经过详细鉴定的动物遗骸达六十一个属种（表一）。其中

表一　河姆渡遗址第一、二期文化动物遗存鉴定表

动物分类		动物种类
无脊椎动物	真瓣鳃目	无齿蚌 （*Anodonta* sp.）
	中腹足目	方形环棱螺 （*Bellamya quadrata* Benson）
	十足目	锯缘青蟹 ［*Scylla serrata* (ForskaL)］
脊椎动物	鱼类 鼠鲨目	真鲨 （*Carcharhinus* sp.）
	鲟形目	鲟 （*Acipenser* sp.）
	鲤形目	鲤 （*Cyprinus* sp.）、鲫鱼 ［*Carassius auratus* (L.)］、鳙 （*Aristichthys* sp.）、鲇 ［*Parasilurus asotus* (L.)］、黄颡鱼 ［*Pseudobagrus fulvidraco* (Richardson)］
	鲻形目	鲻鱼 （*Mugil cephalus* L.）
	鲈形目	乌鳢 （*Ophiocephalus argus* Cantor）、灰裸顶鲷 ［*Gymnocranius griseus* (Tcmm & Schl.)］
	爬行类 龟鳖目	海龟 ［*Chelonia mydas* (L.)］、陆龟 （*Testudo* sp.）、黄缘闭壳龟 ［*Cuora flavomarginata* (Gray)］、乌龟 ［*Chinemys reevesii* (Gray)］、中华鳖 ［*Amyda sinensis* (Wicgmann)］
	鳄目	中华鳄相似种 （*Alligator cf. sinensis* Fauvel）
	鸟类 鹈形目	鹈鹕 （*Pelecanus* sp.）、鸬鹚 （*Phalacrocorax* sp.）
	鹳形目	鹭 （*Ardea* sp.）
	鹤形目	鹤 （*Grus* sp.）

续表一

动物分类			动物种类
脊椎动物	鸟类	雁形目	雁 (*Anser* sp.)、鸭 (*Anas* sp.)
		雀形目	鸦科 (Corvidae gen. and sp. indet.)
		猛禽目	鹰科 (Accipitridae gen. and sp. indet.)
	哺乳类	灵长目	红面猴 (*Macaca speciosa* F. Cuvicr)、猕猴 (*Macaca mulatta* Zimmermann)
		鳞甲目	穿山甲 (*Manis* sp.)
		啮齿目	黑鼠 (*Rattus rattus* L.)、豪猪 (*Hystrix hodgsoni* Gray)
		鲸目	鲸 (*Cetacea* indet.)
		食肉目	狗 (*Canis familiaris* L.)、貉 (*Nyctereutes procyonoides* Gray)、豺 (*Cuon* sp.)、黑熊 (*Selenarctos thibetanus* G. Cuvcr)、青鼬 (*Martes flavigula* Boddaert)、黄鼬 (*Mustela sibirica* pallas)、猪獾 (*Arctonyx collaris* F. Cuvier)、普通水獭 (*Lutra lutra* L.)、江獭 (*Lutra perspicilata* L. Geoffroy)、大灵猫 (*Viverra zibetha* L.)、小灵猫 (*Viverricula indica* Desmarest)、花面狸 (*Paguma larvata* Hamilton-smith)、食蟹獴 (*Herpestes urra* Hodgson)、虎 (*Panthera tigris* L.)、豹猫 (*Felis bengalensis* L.)
		长鼻目	亚洲象 (*Elephas maximus* L.)
		奇蹄目	苏门犀 [*Didermocerus sumatrensis* (Fischer)]、爪哇犀 (*Rhinoceros sondaicus* Dcfmarest)
		偶蹄目	家猪 (*Sus domesticus* Brisson)、野猪 (*Sus scrofa* L.)、大角鹿 (新种) (*Muntiacus gigas* sp. nov.)、小鹿相似种 (*Muntiacus* cf. *reevesi* Ogilby)、水鹿 (*Cervus unicolor* Kerr)、四不像鹿 (*Elaphurus davidianus* M.-ED)、梅花鹿 (*Cervus nippon* Temminck)、獐 (*Hydropotes inermis* Swinhoe)、圣水牛 (*Bubalus mephistopheles* Hopwood)、苏门羚 (*Capricornis sumatraensis* Bechstein)

无脊椎动物三种、脊椎动物五十八种（属或未定属、种者），包括鸟类、鱼类、爬行类及哺乳类，尤以哺乳类最多，占三十四个属、种，除了小哺乳动物二种比较少之外，其他各门类相对齐全，个体数量也相当多。遗址里发现的三十四个属、种的

哺乳动物，除了极个别种类外，几乎全都是旧大陆热带——亚
热带喜湿性的森林——草地类型的现生种。从中国目前地理分
布类型来看，显然主要属于亚洲东部热带——亚热带类型，其
次是中国华南类型。总的来说，河姆渡遗址动物群与我国目前
的动物区系特征相比较，既有基本一致的地方，又存在某些明
显的差异。犀牛遗骸（图二九）的发现纠正了过去一部分人认
为中国在第四纪末期全新世以来，这种动物已经绝迹了的不正
确看法，具有十分重要的意义[3]。

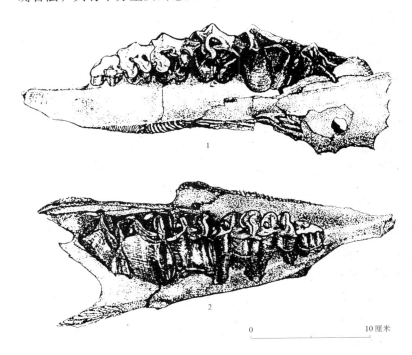

图二九　苏门犀左上颌骨 YM13—1A

1. 腭面视　2. 侧面视

2. 植物群

第一、二期文化中出土的植物遗存种类也相当丰富，保存非常完好。有大量的栽培稻谷（*Oryza sativa* L. subsp. hsien Ting）、薏苡 [var. *ma－yuen*（*Roman*.）Staf]、麻栎果（*Quercus acutissima* Carr.）、白栎果（*Quercus fabri* Hance）、南酸枣 [*Choerospondias axillaris*（Raxb.）Burttet Hill]、二角菱（*Trapa bispinosa* Roxb.）、桃核 [*Prunus Persica*（L.）Batsch]、苦槠 [*Castanopsis selerophylla*（Lind1.）Schottky]、芡实（*Euryale forox* Salisb.）、槐树子（*Sophora japonica* L.）、小葫芦 [*Lagenaria siceraria*（Molina）Stand1. var. *microcarpa*（Nand.）Hara.] 等植物果实；有赤皮青冈 [*Cyclobalanopsis gilva*（Blume）Oerst.]、桑科的天仙果 [*Ficus erecta* Tnunb. var. *beecheyana*（Hook et Arn）King]、钩栲（*Castanopsis tibetana* Hance）、青栲 [*Cyclobalanopsis myrsinefolia*（B1.）Oerst.]、山鸡椒 [*Litsea cubeba*（Lour.）Pers]、江浙钓樟（*Lindera chienii* Cheng）、虎尔草科的溲疏比较种（Cf *Deutzia scabra* Rehd）等各种树叶；还有稻杆、稻叶和芦苇 [*Phragmites anstralis*（Car.）Trin] 等。上述植物遗存，外形都比较完整，色泽如初，脉纹可见。不少树叶即使第三、四级微细网脉也清晰可辨。根据中国科学院林业研究院木材研究所对河姆渡遗址部分木材的鉴定，已知树种有圆柏 [*Sabina chinensis*（Linn.）Ant.] 栎树（*Quercus* sp.）、樟树（*Cinna momuu* sp.）和白蜡树（*Fraxnus* sp.）等。先后两次的发掘经中国科学院植物研究所孢粉室专家现场采集土壤标本分析表明[4]：孢粉组合材料与遗址第一期文化出土的大量动植物遗存有些是可以互相印证的，中间存在明显的一致性。例

如：草本植物花粉谱中出现禾本科花粉占绝对优势的现象，我们认为花粉谱中出现的禾本科植物花粉大多数应系栽培谷类作物。这与第一期文化出土的大批稻谷遗存是可以互相印证的，它们之间存在明显的一致性。又如在土样孢粉分析中也检测出诸如青冈属（*Cyclobalanopsis*）、枫香属（*Liquidambar*）、栎属（*Quercus*）、栲属（*Castanopsis*）、山毛榉属（*Fagus*）等木本植物花粉。这些花粉与第一期文化中发现的植物果实、植物叶片也是相吻合的。在孢粉分析中还检测出热带的蕨类植物狭叶海金沙（*L. microstachyum*）、柳叶海金沙（*L. salicifolium*）、带状瓶尔小草（*Ophioderma pendula*）及中华剑蕨（*Loxogramme chinensis*）等。虽然未在地层中发现这些蕨类植物的枝叶，但有理由相信这些蕨类植物也同水生草本植物、常绿落叶阔叶林等一样郁郁葱葱地生长在河姆渡遗址周围。

注　释

［1］河姆渡遗址考古队《河姆渡遗址第二期考古发掘主要收获》，《文物》1980年第5期。

［2］郎鸿儒《浙江余姚河姆渡新石器时代遗址与全新世海面的变化》，《浙江地质》第3卷第1期（1987年）。

［3］魏丰、吴维棠、张明华、韩德芬《浙江余姚河姆渡新石器时代遗址动物群》第4—89页，海洋出版社1989年版。浙江省文物考古研究所《河姆渡——新石器时代遗址考古发掘报告》第154—215页，文物出版社2003年版。

［4］浙江博物馆自然组《河姆渡遗址动植物遗存的鉴定研究》，《考古学报》1978年第1期。孙湘君、林乃秋《河姆渡先民生活时期的古植被、古气候》，浙江省文物考古研究所《河姆渡——新石器时代遗址考古发掘报告》第456—468页，文物出版社2003年版。

三 河姆渡先民的生存环境

　　《辞海》在"环境"一词下作如是解释："指围绕着人类的外部世界，是人类赖以生存和发展的社会和物质条件的综合体。可分为自然环境和社会环境……。"这里说的"河姆渡先民的生存环境"指的是当时的自然环境。构成自然环境的有气候、地貌、水文、土壤、植物和动物等诸要素，是人类生活、社会存在与发展的物质基础和条件。新石器时代，由于生产工具的简陋和生产力水平低下，人类的生产活动还不可能摆脱对自然环境的依赖，即使是处于农业经济阶段的河姆渡文化，其经济活动内容也仍然要受到自然环境的制约，要以自然环境的变化为转移，其生产活动要与一定的自然环境相适应。所以，河姆渡遗址的文化遗存现象正是适应自然和改变自己生存环境的一种反映。河姆渡遗址丰富的动、植物遗存及孢粉检测材料再结合地质资料，为恢复和重建河姆渡先民居址附近的自然环境以及古气候和生态环境提供了珍贵的第一手资料。

　　河姆渡先民居址坐落于姚江下游河姆渡渡口北侧，向南跨过 200 米江面就是绵延起伏的四明山，北面是狭长的宁绍平原。临江有一小山包，残高约 6 米（黄海高程，下同），居址就选择在这座山包的东北部，地面高程为 1.5—2.5 米。这是河姆渡遗址目前的地理环境。根据两次考古发掘获悉，距今七千年前河姆渡先民在此定居时的地面要比现在的地面低 4 米左右，地势自西向东呈缓坡形。在居址下是青灰色的海相亚黏土，检测发现大量有孔虫 *Ammonia becarii*（毕克卷转虫），这证明了始于全新世初期的海侵在高峰时海水曾经直拍四明山北麓，以致在宁绍平原沉积了 10—50 米厚的淤泥层。河姆渡先民就在这次海侵之后选择了这块依山台地定居下来。这里的自然条件较其他地方优越。据地质资料得知，遗址南面有条芝岭溪从四明山北麓向遗址附近流来，其北有水面宽阔的湖泊沼泽，为河姆渡先民提供了充足的水源。

我们根据河姆渡遗址出土动物种类的现代分布和生活习性，结合遗址里出土植物果叶和孢粉分析得出的植物种属的现代分布，可以考察出河姆渡先民居址附近的古气候和当时的生态环境及植被情况。

从古气候上看，当时河姆渡先民居址附近生存的动物群中，除少数适应范围广、与气候带无明显对应关系的种类外，绝大多数都属于热带、亚热带的代表性类群。如猕猴、红面猴、大灵猫、小灵猫、果子狸、亚洲象、苏门犀、爪哇犀、圣水牛、大角鹿、小鹿相似种、水鹿、獐、豪猪、猪獾、水獭、青鼬、豹猫、黑熊、虎、野猪、穿山甲、食蟹獴及貉等。其中亚洲象、苏门犀和爪哇犀是最典型的热带特有的动物种类。象的生活区要求最冷月温度在 10℃ 以上，冬季能耐最低温度在 0℃ 左右。目前它在我国仅见于云南省最南部的西双版纳地区。而犀类，不管是苏门犀还是爪哇犀在我国均已绝迹，就世界范围而言，它分布于南亚、东南亚和非洲。其余属种的动物群均为现生种，除水鹿分布于台湾、广东、广西和西南诸省区外，绝大多数种类在浙江等长江流域以南各省都有它们的踪迹。由以上分析可以看到，河姆渡先民居址附近的古气候应属于热带、亚热带气候，其特点是全年温度较高，温热湿润，降雨充沛，并与现代华南的广东、广西和云南等地的气候基本相同。从距今一万多年开始，全球进入全新世，气温升高，气候变暖，直至距今六七千年前达到最高峰，当时年平均温度约 19—20℃，比现在高 3—4℃左右，最冷月平均气温 10—11℃，比现在高 6—7℃，年降水量约 1600—1800 毫米，比现在多 300—500 毫米[1]。

我们可以透过当时动物的生活习性，推测河姆渡先民居址附近的地形地貌及植被状况。猕猴、红面猴喜树上生活，群居山地密林；梅花鹿、水鹿、四不象鹿、大角鹿（新种）及小鹿相似种等鹿科动物常栖息于山地林间灌木丛中；虎、黑熊、亚洲象、苏门犀和爪哇犀等喜在温暖潮湿的密林深处多水地带游逛；豪猪常在沼泽地带活动；鹈鹕、水獭是两栖兽类，常见于河湖水量充沛地带；水牛热时喜浸水散热；鲸、灰裸顶鲷、鲨鱼是海生动物；鲻鱼是滨海河口鱼类；鲤、鲫鱼、鳙、鲇、乌鲤及黄颡鱼等是淡水鱼类；雁、野鸭、鹤、鹭等水鸟和獐、四不像鹿等是生活于芦苇沼泽地带的动物；无齿蚌是湖泊河流中的水生动物。从以上动物的生活习性可以反映出河姆渡先民居址附近的地形、地貌及植被情况。对此我们可以作出这样的描述，在当时的河姆渡附近，既有茂密森林覆盖下的重叠山峦，也有丘陵或山间平地灌木丛林和林间草地，附近分布着面积较广的湖泊沼泽和清澈见底的山涧流水。这里有河流溪水直通大海。由于花粉谱中，滨海盐碱地常见的黎科花粉极少出现，这里可能与海岸有一定的距离。

我们将河姆渡遗址发现的植物果实和树叶等标本以及孢粉分析得到的信息资料，与动物生活习性所描绘的距今七千年前河姆渡先民生活时期的生态景观相对照后，不难发现在一定的气候条件下，有什么样的地形地貌就必然会生长出一批与之相对应的植被。山峦重叠的四明山有茂密的森林，根据出土的植物遗存和高等植物的花粉得知四明山中的森林里主要生长有圆柏、苦槠、钩栲、青冈、赤皮青冈、橡子树、天仙果、细叶香桂、山鸡椒、江浙钓樟、枫香、覃树、九里香、南酸枣、槐树以及野漆树等亚热带常绿落叶阔叶植被。低等蕨类植物繁盛，主要有石松、卷柏、水龙骨、瓶尔小草，树上缠绕狭叶海金沙和柳叶海金沙。这两种海金沙及带状瓶尔小草、褐叶星蕨、肉质伏石蕨，连同台湾枫香、九里香、覃树和南酸枣等树种，现在只有在广东、台湾和海南省以及南亚、东南亚等地可见到。表明当时河姆渡的气温要比现在更为温暖湿润。丘陵、山间平原散生着山桃、南酸枣、忍冬等灌木丛及蒿子、蓼、茜草、伞形花科等草本植物。湖泊、沼泽等广阔水域生长着大量香蒲、莲属、菱角、芡实及少量眼子菜、黑三棱等水生植物。湖泊河流边生长着茂盛的芦苇和水草。

通过对动植物遗存的分析，证明了河姆渡遗址在距今七千年前后，当地气候较今日应更为温暖温润[1]。四明山上森林密布，丘陵平原河湖沼泽纵横，飞禽走兽出没其间，水中游鱼龟鳖成群。由亚热带常绿落叶阔叶林构成的森林植被与禾本科草原植被一起覆盖了山地和平原。这一切展现出一派生机盎然、郁郁葱葱的亚热带田园风光。

注　释

[1] 周子康、刘为纶、吴维棠《河姆渡地区中全新世温暖古植被和古气候的研究》，浙江省文物局、浙江省文物考古研究所、河姆渡遗址博物馆编《河姆渡文化研究》第258—267页，杭州大学出版社1998年版。

四　河姆渡先民的经济生活

（一）河姆渡先民发达的耜耕农业

恩格斯在谈及原始社会分期时曾经说过这样一句话："野蛮时代是学会经营畜牧业和农业的时期，是学会靠人类的活动来增加天然产物生产的方法的时期。"[1]根据"摩尔根——恩格斯分期体系"原始经济的发展分为两大段：第一阶段为原始采猎经济时代，即"以采集现成的天然产物为主的时期"。第二阶段为农业经济时代，即"学会靠人类的活动来增加天然产物生产的方法的时期"。河姆渡第一、二期文化正处于第二阶段农业经济时代，这个阶段相当于蒙昧高级阶段晚期及整个野蛮时代，在考古学上是整个新石器时代。而新石器时代也有早、中、晚之分，河姆渡第一、二期文化约当处于中期偏晚，农业已在整个经济中占据了主导地位，但采集渔猎仍占相当大的比重。这是由当时河姆渡的生态环境所决定的。河姆渡先民充分认识到河姆渡良好的生态环境对发展水田稻作农业有利，于是发明了骨耜一类翻土工具，对土地进行加工改造，脱离了砍倒烧光、刀耕火种的农业阶段，进入到用骨耜耕作水田的农业阶段。同时先民们过着长久定居生活，共同居住在一个村落，驯养家畜，经营各种手工业，使原始农业获得了较大发展。

1. 栽培稻谷的大量发现

河姆渡遗址第一期文化的4A层，普遍发现有稻谷、秕

图三〇 炭化谷粒 YM67

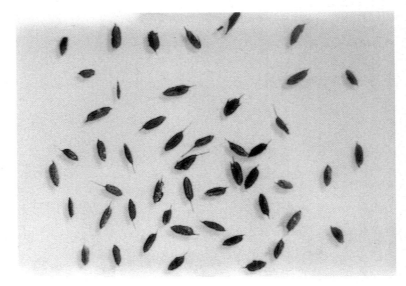

图三一 炭化谷粒 YM66

谷、稻杆、稻叶和其他植物枝叶、木片等有机物。这些有机物与夹有灰、黄、白三色的黏性细砂土间隔堆积，每层间距 2—10 厘米不等，最厚处达 100 厘米以上。但此种堆积仅是孤立的块状堆积，同时还发现了不少稻谷，数量之多，色泽之新鲜为其他新石器时代遗址所未见。甚至有些颖壳上的隆脉和稃毛也清晰可辨（图三〇、三一），有的稻谷还与枝叶连在一起。与此同时还发现不少陶釜内底留有烧焦了的"锅巴"有的还发现未烧成饭的米粒。在第一期文化的一件 A 型Ⅲ式陶敛口钵，腹壁上刻划一丛稻穗纹和猪纹图案，一株稻穗居中，稻杆挺拔直立向上，沉甸甸的稻谷向两边下垂，谷粒饱满。艺术来源于劳动和生活，如果没有当时较为发达的原始农业，创作出这样的画面是很困难的。孢子花粉分析表明，"第二次发掘区大量水稻花粉的出现说明更临近稻田"，"遗址附近的平原地带有河姆渡先民垦种的大片稻田"[2]。1994 年，我们与日本学者藤原宏志先生共同对河姆渡遗址进行稻田遗迹调查，发现在河姆渡第一期文化时期可能已出现古稻田。河姆渡遗址出土的稻谷经许多农学专家如浙江大学游修龄先生、云南省农业科学院周季维先生、国际水稻研究所中国办事处汤圣祥博士、中国农业大学张文绪先生、日本国佐贺大学和佐野喜久生先生及佐藤洋一郎先生等的鉴定一致认为河姆渡出土的稻谷是经过人工驯化的栽培稻，有籼稻和粳稻。汤圣祥、佐藤洋一郎、俞为洁先生利用电镜扫描技术对河姆渡炭化稻谷进行亚微结构研究，发现四粒普通野生稻炭化谷粒。这一发现为水稻起源于长江中下游的观点增加了支持力度，同时也说明河姆渡遗址周围可能存在更早的遗址。

2. 农业生产工具

　　一般来说石器是新石器时代的主要生产工具。河姆渡第

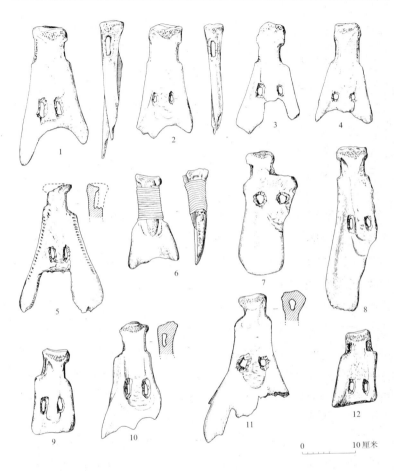

图三二　第一期文化骨耜

1.B型I式 T214（4A）：96　2.B型I式 T221（4A）：86　3.B型I式 T211（4B）：381　4.B型I式 T211（4B）：499　5.B型 I 式 T21（4）：46　6.B型 I 式 T224（4B）：175　7.B型 I 式 T23（4）：39　8.B型 I 式 T211（4A）：216　9.B型 I 式 T243（4A）：176　10.B型 I 式 T13（4）：10　11.B型 I 式 T20（4）：19　12.B型 I 式 T234（4A）：50

一、二期文化共出土石器七百二十五件。这些石器主要是石斧、石锛和石凿，形体普遍较小，石质较硬，制作比较简单，仅在刃部磨光，其余部位都保留有明显的打琢痕迹。河姆渡先民从事以稻作为主的水田农业，砍伐林木不是经常性的工作，开挖排灌渠道和翻土整地才是他们的主要农活。前面我们已述，河姆渡水田临近平原，而平原是处在一个相当广阔水面的湖沼环境之中，土地湿软。因此，石斧、石锛显然不是河姆渡先民的主要农业生产工具。据古书记载，在远古时候，有"古之人民，皆食禽兽肉，至于神农，人民众多，禽兽不足，于是神农因天之时，分地之利，制耒耜，教民农作……"[3]。这段典籍指出耒耜是古时候的主要农具。河姆渡遗址共发现骨耜一百九十四件，主要出于第一、二期文化（图三二）。反映了河姆渡先民使用的主要农业生产工具是骨耜，与古籍记载相一致。耜耕的方法起源较早，使用较广泛，最初的耒耜是木质的。在木耒的一端加上木、石或骨的耜冠，就成了一种复合的翻土工具耒耜。骨耜取材于大型偶蹄类哺乳动物肩胛骨，保留肩胛骨的自然形态，在正面中部从上到下有一道纵向浅槽，这种浅槽可能是由于竖向木柄与骨耜本身长期紧捆于一体在外力作用下而形成的。纵槽上端有的修磨成半月形，有的制作成横穿方銎，用来穿系绳索捆绑木柄。在纵槽下端两侧分别凿琢有一个近似椭圆形的孔，这也是为了穿系绳索捆绑木柄而设计的。耜柄经过上下两道捆绑便不易松动（图三三）。有的骨耜椭圆形孔正面外缘及反面内缘可见绳索紧勒痕迹。第二次发掘中发现一件 B 型 I 式骨耜。残木柄还捆扎在骨耜上。另有一件骨耜的方銎中残存捆绑用的藤条。这些实物证明骨耜是安装竖向长柄的，表明河姆渡先民懂得安长柄既省力又能提高工

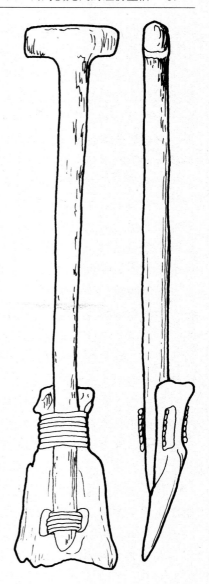

图三三 骨耜复原示意图

效。骨耜因长期使用而磨蚀，刃部形状不一，通体光滑。它是河姆渡文化一种很有特色的生产工具，是翻土掘沟的主要工具，翻耕土地能疏松和改良土壤结构，延长其使用年限，扩大耕地面积，对提高产量有重要意义。在农业发展过程中，农业耕作方式是反映生产力发展水平的标志。根据水稻生长特点推测，河姆渡先民经营水田稻作农业，已经初步掌握了依据地势高低开沟引水等排灌技术。从河姆渡遗址出土近二百件的骨耜上可观察到严重磨损的痕迹，表明它们是河姆渡先民经常使用的主要农具。众所周知，生产工具是社会生产力发展水平的客观尺度，也是人类改造自然能力的物质标志，生产工具质量的提高和数量的增长必然促进生产水平的提高。河姆渡遗址出土的大量稻谷就是最好的说明。

与此同时，河姆渡第一、二期文化出土了近百件尖头木棒。根据李根蟠先生对《左传》、《国语》和《礼记》中的"烈山氏"及其子"柱"记载所表达的意见，"烈山氏"应理解为放火烧荒，而"柱"应是挖穴点种的尖头木棒。他们还根据佤族神话中对尖头木棒的崇拜，从"在烈山氏的神话中，尖头木棒直接变成了农神"这句话中得到启发，认为河姆渡有些尖头木棒有可能与水稻进行点种有关。这也许能在第一期文化 A 型Ⅲ式敛口钵上刻划的稻穗猪纹图像上得到解释。刻划的是一丛水稻，而不是一株，意味着河姆渡水稻点种的可能。

河姆渡遗址骨耜的数量随着时间的推移愈来愈少，到第四期文化几乎绝迹。促成这种变化的原因是木耜取代了骨耜。第二期文化中发现一件用整木加工而成的木耜，耜冠与柄分界明显，木柄加工成倒三角形捉手。第三期文化也出土一件木耜，近长方形、单面平刃，耜面中间有一浅槽、两侧各有一个长方形孔，显然是仿制骨耜，绑上长木柄即可使用。由于木质材料较骨器更难保存，即使是当时的主要生产工具也很难长期保存，出土实物自然十分稀少。

除骨、木耜外，还有锯齿状骨器，可能是收割工具。鹿角鹤嘴锄可能用于翻地和除草。另外还有木杵，呈蒜形，是加工谷物脱壳之工具。这正是《易·系辞》说的"断木为杵，掘地为臼"的最好实物例证。

河姆渡遗址中出土的一套耕种——除草——收割——加工的农业工具，证明河姆渡文化早期已由刀耕火种的农业阶段进入到耜耕的农业阶段。这也同时反映出，当时农业生产并非处于初始阶段，农业规模得到了较大的拓展，农业产量有了较大提高。

（二）河姆渡先民的家畜饲养业

我国是个农业大国。农业在我国古代占有重要的经济地位，不仅提供了经常性的产品，而且还提供了比较稳定的食粮，从而提高了人类的物质生活水平，对家畜饲养业和其他手工业的发展也创造了有利条件。前述河姆渡第一期文化的 A型Ⅲ式敛口陶钵，腹壁上刻划稻穗纹和猪纹图像，反映出种植水稻与养猪是河姆渡先民两项重要的生产活动。

动物的驯养是在社会发展到一定历史阶段的产物。正如农业的发生一样，随着人类生活水平的提高，人口的不断增长，对动物所提供的肉、皮、毛等产品的需求越来越多，仅靠狩猎取得一些动物来满足人们的需要是有限的。为此，河姆渡先民认识到要使自己的生活不因自然灾害造成大起大落，就必须驯养家畜。河姆渡的家畜饲养与农业一样，不是处在初创时期，而是经历了一段相当长的发展阶段。饲养的家畜种类较多，反映家畜饲养业的原始艺术品也出土不少。河姆渡出土的动物群经浙江自然博物馆、古脊椎动物与古人类研究所专家鉴定认为，其中的猪、狗、水牛是驯养动物。我国是世界上最早饲养猪的国家之一。在河姆渡遗址中发现的家猪，头骨保存不完整，但是仍然可以从破碎的头骨和颌骨上看到，曾经被河姆渡先民驯养的家猪，是可以归于下王岗家猪的同一类型[4]。河姆渡第一期文化出土的一只猪形陶塑，体态肥胖，腹部下垂，四肢短而粗壮。前后体躯的比例为 1:1，介于野猪 7:3 和现代家猪 3:7 之间，表现野猪在长期人工饲养中已改变原有体态，其温顺肥胖的体态已和野猪相去甚远，与现代家猪十分相似。这也是河姆渡先民驯养家猪的证据之一。前述在河姆渡第一期文化中的一件陶质圆角长方钵，腹壁的两侧刻划有野猪图像。长长的吻部，细细的长腿，粗长的鬃毛和强悍的躯体，把野猪形象描绘得淋漓尽致。证明了"河姆渡遗址中有两种猪的遗骸同时存在是无疑的"[5]这一论断是正确的。河姆渡干栏式房址范围内发现有四五个栅栏圈，由几十根小木桩组成圆圈形，推测可能是小猪圈，可能与圈养有关。河姆渡遗址出土的全部猪的标本中，有相当数量的幼年个体，这也是反映河姆渡先民驯养家猪的证据之一。几千年来，饲养家猪一直是我国农家的普遍副业，也是我国人民肉食的主要来源。

　　根据河姆渡遗址出土的十余件狗头骨观察，矢状峰明显退化，这是区别狗与狼的主要特征。同时在遗址中发现不少狗粪，中间夹杂许多鱼骨渣子，反映出河姆渡先民平常肉食来源主要是鱼类等水生动物。另外还发现十多个狗头骨较猴头骨、猪头骨都完整，表明河姆渡先民对狗有一种特殊的感情。在河姆渡第一期文化一件陶块上浮雕的图像神态极似狗。这也表明狗是与河姆渡先民接触较多的动物之一。

河姆渡先民除了饲养猪、狗以外，还驯养水牛。根据遗址中出土的十六件头骨观察，它的形态特征和圣水牛是一致的，角短且向外向后伸展。如前述长江下游的河姆渡气候属温暖湿润类型，有大面积的水域，有水有草，很适合水牛的生长和饲养，我国古代称水牛为"吴牛"，这表明水牛可能在长江下游首先得到驯化。此时的水牛应该还不是用来耕田，提供肉食可能性较大。

（三）河姆渡先民的渔猎与采集活动

随着耜耕农业和家畜饲养业的发展，河姆渡先民的生活状况得到了改变。但是，尽管耜耕农业和家畜业为河姆渡先民增加了产品，仍然还要靠渔猎和采集作为经济生活不可或缺的重要补充。

河姆渡遗址出土动物遗骸数量巨大，其中仅能鉴别属、种者达六十一个门类，还有许多骨骸是不知其名的。如果把这些已知的和未知的加在一起，其数量肯定居国内外已发掘的同时期新石器时代遗址之首。这表明河姆渡先民渔猎活动是非常频繁的。

河姆渡遗址北面有广阔的水域，沼泽湖泊为河姆渡先民提供了充足的水生动物资源。南面有深山密林、灌木丛林和茵茵绿草，也为河姆渡先民提供了丰富的陆生动物资源。总之，优越的自然环境为河姆渡先民提供了充足的自然资源。

　　《尸子·广泽》记载:"燧人之世，天下多水，故教民以渔，庖栖氏之世，天下多兽，故教民以猎。"渔猎是原始社会最重要的经济活动之一。从河姆渡遗址出土的有关遗物推测，河姆渡先民利用弹弓发射陶弹丸击落飞鸟，也有的用弓发射骨镞击落飞鸟。河姆渡第一期文化有一种 C 型 Ⅱ 式骨镞。圆柱形长锋，锋尖多圆钝。一些研究民族学的学者告知，在一些少数民族中有这样一种习惯，为了猎取有美丽羽毛的鸟，怕伤它的身子，就用类似河姆渡这种箭镞。强弓可以发射箭镞击倒野兽。河姆渡出土了各式各样的箭镞一千七百件之多，这与河姆渡先民广泛使用弓箭狩猎有密切关系。像鹿一类的动物抵抗力弱且数量多，喜成群结队外出觅食游闲，容易成为河姆渡先民的首选目标。这可以从河姆渡遗址出土大量的鹿类标本中可得到证实。而且鹿类的下颌骨大都十分残缺破损，意味着确实曾被食用。从出土的动物标本来分析，犀、象、虎、熊一类大型动物骨骼标本数量很少，说明这些动物的确凶悍无比，不易捕杀。

　　根据专家们对动物骨骼鉴定的意见，水生动物也是河姆渡先民的主要肉食来源，鱼类、龟鳖类等水生动物的遗骸之多，不胜细数，仅龟的遗骸就有一千九百七十多个个体。从出土工具看，河姆渡先民捕捉水生动物主要是用骨鱼镖和骨镞，鱼镖仅发现二件，不可能成为当时主要的渔猎工具，推测用弓箭捕鱼可能是当时主要捕鱼手段。据说鄂伦春族、高山族和黎族等少数民族过去也常用此办法捕鱼，一般是在皓月当空，鱼儿浮出水面时，人们举弓射鱼。还有一种办法可能就是徒手捕鱼，据说古代彝族男人善伏水取鱼，摸鱼主要有掏洞和捉地鱼等方法。当代原始民族中，居住在秘鲁亚马逊丛林里的基巴罗部族今天仍采用徒手捕鱼法。"她们通常赤手空拳站在水里，以她们粗厚的手掌来捉那滑溜溜的鱼"[6]。河姆渡遗址里还发现个别网坠，不排除当时人们还采用结网捕鱼的方法。

采集和渔猎是原始社会最古老的两项生产活动。在河姆渡遗址有限的发掘面积中，发现当时河姆渡先民的植物类采集品就有橡子、南酸枣、菱角、槐树子及芡实等，这些野果除南酸枣外，都是富有淀粉的坚果。这些果籽埋藏在地层中不是个别现象，而是成堆成坑出现，有的坑里果籽足足盛装一筐也还有余，可见野果数量之巨。从野果的完整情况看，许多果籽是被掰成两半的，表明它已为河姆渡先民所食用。这些野果多在秋天成熟采摘贮藏，以备冬日之需，补充粮食之不足。

在发掘现场还发现有赤皮椆、细叶香桂、江浙钓樟、山鸡椒、苦槠及桑科天仙果等树种的叶片，也曾发现过枫香的果实。因河姆渡处于湿热温润的水网与森林交接地带，可能蚊虫特别多，燃樟叶可驱蚊除秽，被蚊虫叮咬后人的身体奇痒，起疙瘩，煮熬樟叶所得水油相似于现代的风油精，可起到止痒、散毒和消肿的功效。枫香树也是一种很好的药材，其叶、根、果也可直接入药，根可祛风湿，叶可疏风解表，还可消炎，果则可通经活络[7]。

（四）河姆渡先民的生活习俗

河姆渡文化时期处于母系社会的中期至晚期，人们已经定居生活，农业及饲养业有了进一步发展，生活更为稳定，先民们重视美化生活，装点自己。他们制作生活用具时喜欢在陶器上刻划和镂刻纹饰，图案朴实美观，图像生动逼真，造型多样。还有石、骨、牙饰物制作更为精美。

1．生活用具

生活用具有陶、骨、牙、木四类。生活用具主要是陶器。陶器可分炊器、盛储器和饮食器等。常用的是釜、罐、盆、盘、钵、豆和釜支架。

炊器以釜为主，按其口部形状可以分为敞口釜、敛口釜和盘口釜三种，型式较为复杂。其次有灶、甑和鼎。鼎按腹部形状可分釜形鼎、盆形鼎和盘形鼎三种。釜和鼎主要用来烧煮食物。釜支架和灶用来支撑釜，使釜下部有个空间，便于燃烧。此外在炊器中还有用于蒸煮食物的甑。

盛储器主要是罐，以耳的多少分为单耳罐、双耳罐及四系罐等，以双耳罐为多见。其次是盆，因其口部形状不同分敞口和敛口盆。钵因其形体不同分敛口钵和单耳钵。盂是河姆渡文化的一种很特殊的器物，口部都比较小，但数量不多。

饮食器主要是豆，以豆盘形状分为盘形豆和钵形豆两种。其次是碗、盘、杯及木盘、木碗、骨匙等。

酒器主要是盉，按其形状可分为罐式盉、釜形盉、鸟形盉、三足盉及钵式盉等。

装饰品主要有陶环，陶璧和陶珠等。另外还有猪形陶塑等原始艺术品。

石器装饰品有萤石或玛瑙等制成的玦、璜（图三四）、管和珠。它们磨制光滑，穿孔多系两面钻。

骨、角、牙器主要有珠（鱼类的脊椎骨）、坠饰（猪、虎、熊的犬齿）和笄（管状骨的破骨条或象牙制作）等。珠及坠饰是胸前或颈部的装饰品。笄多用兽骨制成，但也有用象牙制作的，通体精磨，雕刻花纹，用来固定盘在头顶上的头发。这与后来越人"文身断发"的史籍记载相吻合，所谓断发即剪发披

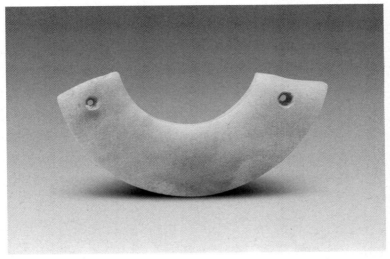

图三四　第四期文化玛瑙璜

肩或梳髻。从出土骨笄数量很多这一现象来观察。河姆渡先民应该有髻发的习惯。

2．生活情况

河姆渡文化时期，河姆渡先民在农业生产实践中运用了有关生物繁殖的知识，通过种植水稻、饲养家畜等方式依靠自己的劳动来增殖天然产品，找到了较为稳定可靠的衣食来源，摆脱了完全仰赖于自然恩赐的被动局面。因此，这时水田稻作农业已成了主要生产部门，驯养猪、狗、牛只算是副业。这里的人们还要经常从事渔猎和采集。他们"餐桌"上的食物除大米（粳、籼）粥饭外，还有丰盛的"美味佳肴"：家养的猪、牛、狗肉、渔猎所得的兽肉（梅花鹿、四不像、水鹿、大角鹿、小鹿相似种、貉、猴、獐、猪獾、小灵猫及豪猪等）、野禽肉（雁、鸭等鸟类）、水生动物肉（鱼类、龟、鳖、蚌）可食用的

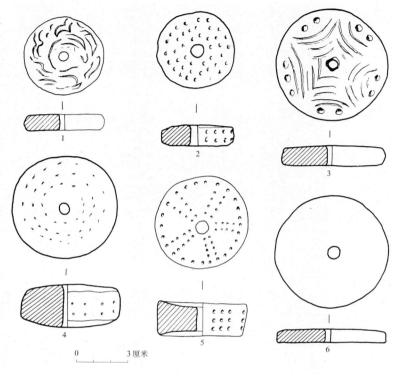

图三五　第二期文化陶纺轮

1.A型 T31（3）：14　2.A型 T244（3B）：52　3.A型 T226（3B）：50

4.A型 T233（3A）：163　5.A型 T244（3B）：84　6.A型 H21：1

野生植物（橡子、南酸枣、槐树子、菱角、芡实、菌类和藻类等）此外还有葫芦、薏苡等栽培植物。河姆渡先民以熟食为主，不论是动物性肉食或植物性食品大多经过烧煮而食。

　　河姆渡遗址未发现有关衣着的直接证据，但间接证据却不少。如三百四十八件陶纺轮（图三五、三六）和数量不多的石纺轮（图三七）、木纺轮。纺轮又称纺缚，它的出现表明人们

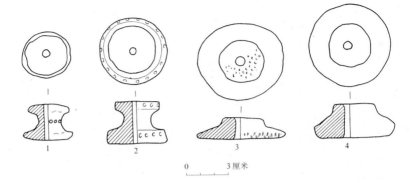

图三六　第二期文化陶纺轮

1.E 型 T244（3B）:47　2.E 型 T243（3B）:106　3.F 型 T212（3A）:251
4.F 型 T222（3B）:69

图三七　第二期文化石纺轮

图三八　第二期文化盖帽形器

图三九　第一期文化芦苇编织物

已掌握了利用缚杆或缚盘转动时产生的力偶，使纤维抱合和续接的技术，形成了纺织所需要的线、纱，用这线和纱去缝纫、织布。同时发现了诸如卷布棍、定经杆、梳经棒、骨梭形器等踞织机上的部件。表明河姆渡先民已发明了原始织机。这是一种将经线一端固定在木桩上，另一端固定在人体腰部的手织机具。它虽然相当原始，但穿杼分经技术原理与后来的竖式织机已无太大区别。织机部件上的象牙制成的盖帽形器（图三八），雕刻有编织纹和蚕纹图案。还有用动物肢骨剖成条状后精磨的八十件骨针，应是缝制皮衣或布衣的主要工具。这些间接资料可以表明河姆渡先民已能利用动物的毛和植物的纤维纺纱织布做衣服。此时纺织技术已相当高超，发现的二经二纬和多经多纬的苇席（图三九），两股和三股的绳索（图四〇），与现代的"草席"及"绳索"编法毫无二致，这给当时已经产生纺织业这一推测提供了支持。但是盖帽形器上的蚕纹是否意味着河姆渡先民已掌握了养蚕缫丝的生产技术，有待于考古发掘资料的充实。

　　河姆渡先民生活在居住面高出地面的干栏式房屋中。以竖立的木桩为底架，在木桩上铺地板，其上建长脊人字形坡顶。房屋设前廊，房顶盖茅草，上边住人，铺席而卧，下边养牲

1

2

0　　　　　　　　　　　　10厘米

图四〇　第一期文化绳子

1. T216（4A）：34　2. T233（4A）：140

畜。人们上楼用木梯，并以母系聚族而居。

河姆渡遗址共发现八件木桨，标志着当时已有水上交通工具。河姆渡先民可以在沼泽湖泊上自由往来，采摘水生植物茎果根，捕鱼捉鳖。

平常生活中河姆渡先民已经懂得应用樟树、枫香树、槐树的叶、根、果来驱蚊解秽，治病疗伤。

河姆渡先民注重装饰，与其他史前人类一样喜欢打扮自己，装饰部位主要是耳朵、颈胸部位，装饰物主要是玦、璜、管、珠及牙饰。

（五）河姆渡遗址的建筑

1. 建筑遗迹

随着农业的产生和发展，人类开始了定居生活，住所固定化，聚落便开始出现。河姆渡先民选择的这块背山面湖的较为干燥的岸边建造的村落，就是千千万万个聚落中的一个。

这个聚落经探测约有 50000 平方米。两次发掘发现第一期文化木构建筑遗迹分布密集，较有规模的排桩在二十五排以上，遍及整个发掘区。单就第一次发掘出土的木构件总数在千件以上，仅 T16—T33 的十八个探方内，编号构件就达八百一十八件。木构件主要有三类：长圆木、桩木和木板。桩木总数四百四十一根，均为下部削尖，打入生土，一般入土 30—50 厘米，最深达 115 厘米。桩木有三种：圆桩木、方桩木和板桩。圆桩木一般直径较小，方桩木则较大，板桩厚 2.4—4 厘米，宽 10—50 厘米。长圆木往往与桩木组合在一起，形成一列列排桩。木板（地板）数量多，大部分在相当于第二次发掘的 4A 层下，一般长 50—100 厘米，多作垂直于排桩走向布置。另外，发现一些半圆木一端或两端砍凿凹口一周，这可能是与扎结捆绑有关的附属构件。

上述建筑遗存出土时排列有序，其主体是分布在第一次发掘区的十三排桩木。基本上形成西北—东南走向，部分近正南北。这里应有三（组）栋以上建筑，在时间上可能有先后。其中第八、十、十二、十三排保存较好，方向基本一致，应是一栋建筑遗迹。第八排与第十排及第十排与第十二排间距均为 3.2 米，构成房屋的主体进深 7 米左右，空间高度在 2.6 米左右。第十二排与第十三排间距为 1.3 米，是房屋的前廊过道。这一栋建筑残长达 23 米，据打入地下的成排桩木分析，干栏建筑一般高出地面 0.8—1 米。

第二次发掘也发现第一期文化十二排排桩，基本情况同第一次发掘所见。根据排桩走向基本一致的原则，推测可能也有三组（栋）以上建筑，第四、五、六排为一组，第八、九、十排为另一组，第十一、十二排可能又是一组。

另外，在 T242、T243、T245 诸探方发现有三排木桩紧密排列在一起的情况，桩径较小。根据层位关系分析，这种建筑遗迹的建筑年代当比上面所说的干栏式建筑晚，可能是护岸防洪或是为了上岸方便而构筑的河埠头一类建筑。

俯视二十五排排桩，鳞次栉比，排列密集，蔚为壮观。

2．木构建筑技术

直到 20 世纪五六十年代，在我国南方的一些偏僻山村，干栏式建筑的梁柱结合点仍采用原始的藤条捆扎方法，人们显然还不懂接榫技术。然而七千年前的河姆渡先民在长期实践中发明了榫卯技术，在干栏式建筑中大量采用榫卯构件，为我国古典建筑木结构技术作出了重大贡献。

营造木构建筑需要大批木材。河姆渡先民用石斧砍伐木材，其操作方法与现代铁斧伐木雷同。树被砍倒后，根据木材的不同用途进行加工，一般都需要经过裁切和劈削，若要制作地板还必须开板，若要制作梁、柱还要凿卯作榫。河姆渡先民使用一种厚体石斧（C型V式）当作楔具。在一根木头上的同一直线布置几件乃至十几件石斧，在外力作用下，木头被剖成两半，石斧顶部也因此被锤击成球面形。有的木板未作任何加工，露出木纹，有的木板经石锛加工的痕迹清晰可见。

河姆渡遗址保存下来的干栏式木构建筑遗迹，最引人注目的是其中带有榫卯的各式各样的木构件（图四一）和雕花木构件。

榫卯的加工较为复杂。榫头主要是应用梯形石斧砍削而成。卯口可能使用石凿或条形锛凿成，也有可能使用骨凿、角凿凿出。为了提高工效，在凿卯口时可能使用火焦木头技术使木头硬化，达到省时省力之目的。凿卯口一般采用对凿办法，故卯口显得不甚规整，口缘大里头小，或者卯口偏向一侧。在当时使用石制工具的情况下，加工制作如此规整的榫卯构件，不能不说是一项奇迹。尤其是销钉孔的创造，对于中国乃至世界范围内带有榫卯的木结构建筑都具有十分重要的意义。虽然构件不显眼，只不过是小小的一个孔，但对于防止建筑的摇晃，避免榫卯的拉脱起到积极作用，从而大大加强了建筑的牢固程度。榫卯多用燕尾榫。燕尾榫又称三角榫，对于防止建筑构件拉脱，促进构件的紧密结合比普通榫卯强许多倍。企口板的一侧或两侧凿出个呈V形的企口，它与另一种侧边削薄的木板相拼接，这种不见通缝的密接拼板工艺为后来广泛使用的

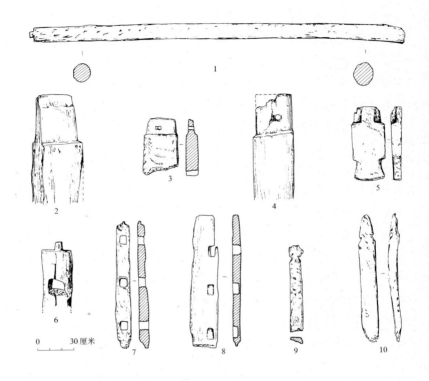

图四一 第一期文化干栏建筑木构件榫卯种类

1.柱头或柱脚榫 YM（4）：木 50 2.梁头榫 YM（4）：木 40 3.销钉孔榫 YM
（4）：木 1 4.销钉孔榫 YM（4）：木 58 5.燕尾榫 YM（4）：木 337 6.平身柱
卯眼 YM（4）：木 60 7.直棂栏杆卯眼 YM（4）：木 26 8.直棂栏杆卯眼 YM
（4）：木 14 9.带凹槽构件 YM（4）：木 392 10.带凹槽构件 YM（4）：木 247

"雌雄板"奠定了坚实的基础。

综上所述，中国木构建筑的基本要素——梁柱之间用以固
定和联结的榫卯结构、板壁拼接上的企口技术等工艺在河姆渡
文化的干栏式建筑中得到充分运用。远在六七千年前能有这样

的木构技术，说明此时建筑技术已经历了一个相当长的发展过程。从出土的木构件分析，尽管河姆渡遗址的榫卯木构件已很成熟，但仍然离不开河姆渡先民用带树权的或砍削有凹槽的圆木作柱与梁相扎结的传统技术。因此，河姆渡第一期文化的干栏式建筑当处于榫卯和扎结相结合的阶段。

3．干栏式建筑的复原推测

根据对河姆渡第一期文化的第八、十、十二、十三排排桩的考古分析，我们认为它是一栋建筑遗迹。对此栋建筑可以作如下复原：

排桩每隔一定距离有个比较粗大的桩木，而且打入生土比一般桩木深。这个现象表明，第八、十、十二、十三排每隔 2 米左右的距离应有一根较粗的木桩供架设横梁，桩与横梁用榫卯加固，以防移位。再在其上铺木板，形成一个架空的基座。其上立柱架梁，柱高约 2.6 米。承重柱与较粗木桩进行捆绑式对接，有的承重柱可能还使用大权手，承重柱与横梁同时并用榫卯与捆扎技术。横梁一般较长，其长度最长达 9 米，最短 2 米，其中有一根两端凿有转角卯眼和企口的柱（转角柱），有企口一侧朝向室内，供安装板壁使用。北端还发现宽 0.38 米，厚 0.1 米，长 0.56 米带销钉孔榫的横板。所以这一构件可能是地板下的横梁。河姆渡还发现直棂栏杆，这是用于过道走廊上的构件。窗户及门经推测应朝向东北。板桩一般都绕房屋一圈，板与板之间用藤条绑扎上下两道。人字形屋顶盖茅草，室内铺苇席，楼梯放置于走廊入口处。

综上所述，河姆渡干栏式建筑是长条形的。它分上中下三层，上层为屋顶，中层为住房室内部分，下层为堆放杂物或豢养家畜的地面部分，人字形屋顶作斜坡长脊，盖茅草遮阳避雨。中层住房室内部分，空间高度最高可达 3 米，进深约 7 米。室内四周均有企口板拼接工艺做成的板壁。室内分间并铺苇席，房门朝走廊。走廊外缘设有直棂栏杆，住房入口便开在走廊两头。下层四周均用板桩围护，近似今日广西龙胜县平等乡侗族人住房。

（六）河姆渡文化原始艺术

正如美国著名的人类学家博厄斯在《原始艺术》的"前言"中所说，任何人只要和原始部落在一起生活，分享他们的欢乐，分担他们的苦难，只要不把他们单纯地看作像显微镜下的细胞一样，仅是人们研究的对象，而视其为有感情、有思想的人，他就会认识到，根本不存在什么'原始的头脑'、什么'不可思议的'或'没有逻辑的'思维方式，就会承认，在'原始'社会中，所有的人都和我们当今社会中的男、女、老、少一样，他们有着与我们同样的思想感情和行为。河姆渡先民是处于野蛮时代的原始人，相信他们有着与我们同样的思想感情和行为，他们的所作所为的确令我们看不出他们拥有"原始的头脑"。相反，却留给我们的强烈印象是，河姆渡先民的聪明才智创造了光辉灿烂的河姆渡文化。原始艺术就是其集中体现。

迄今能够见到的河姆渡原始艺术品，主要是陶器上的刻划图案和彩绘图案、骨雕、木雕、石雕和陶塑。其中雕刻和陶塑在原始艺术中占有十分重要的地位。

1. 雕刻

河姆渡先民具有艺术家的天才秉赋，善于用苍劲古朴、粗犷有力的线条描绘事物，既有形象的写实图案，又有抽象的写意图案。蓝天中翱翔的飞禽、陆地上行走的动物、湖沼中的游鱼、水田中的禾苗、丘陵山地的藤蔓等植物和天上的太阳等，都成了他们艺术创作的对象。他们竭力想把自然界中有关生物的形态，用娴熟的技艺和简练的线条勾勒出它们的动态，使其惟妙惟肖，生趣盎然，效果逼真。这充分表现了先民对大自然的赞美，富有浓厚的生活气息。

线雕在河姆渡文化原始艺术品中占有很大的比重，是我国民族雕塑艺术的独特风格，也是以我国为代表的东方艺术的特点。和西方造型艺术相比，中国传统的造型艺术可以说是线的艺术，以其特有的点、线节奏韵律来表达艺术家对生活的亲切感，达到艺术的完美。河姆渡先民通过流畅的线条组合创作出的艺术作品令人叹服。

（1）陶雕

陶雕是在烧制前当陶坯未干时，用尖刃的石、骨、木工具划出阴线图像或图案。比较有代表性的陶雕作品有：

第一期文化的 A 型 I 式敞口盆。器表刻有两组图案，其中一组中间似禾苗纹，两旁似鱼纹。另一组中间刻的抽象性图案弯如弓形，下方刻两个双重圆圈纹，两旁的图案则似鸟纹。

这陶盆上的两组图案是经过精心设计安排的，它充分表达了先民的意志、感情和理想。注入了河姆渡先民的某种精神意识。虽构图简练，但寓意深刻，耐人寻味。

圆角长方钵［T243（4A）:235］。器表两面各刻猪纹图像，长长的吻部，短短的尾巴，瘦小的长腿，粗粗的鬃毛，腹部刻双重圆圈纹。线条刚劲流畅，使人一望而知，形态逼真。

马鞍形陶块［T213（4A）:84］。其上用简洁明快的线条

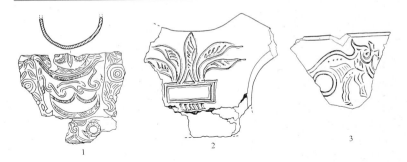

图四二　第一期文化刻纹陶块示意图

1.瓦形陶块 T33（4）:98　2.砖形陶块 T213（4A）:84　3 刻兽纹陶钵腹片 T221（4A）:125

勾划出似现代万年青的叶纹图案，生机盎然，栩栩如生。

砖形陶块［T33（4）:90］。其侧面刻划谷粒纹，正面刻划的似稻叶与稻穗组合图案，线条粗犷。

瓦形陶块［T33（4）:98］。其上刻划的图案似亚热带密林中藤蔓类植物枝叶及林中雾气的艺术景象。两侧刻多重圆圈纹，可能也是某种动物纹的组成部分。构思巧妙，可惜残缺过多。

刻兽纹陶钵腹片。其上刻一头似犀牛的图像，睁眼、独角、耸肩、偶蹄、粗腿，也刻多重圆圈纹，形象真切（图四二）。

第四期文化的 B 型Ⅵ式豆（M4:1）。豆盘中央纤细的阴刻线条刻出一组抽象的四鸟对称图案，独具匠心，寓意神秘。

（2）骨、牙雕

骨、牙雕的制作必须经过选料、裁割、砍削成型、砥磨及雕刻等繁杂工序。象牙在进行雕刻之前一般都要经过酸性溶液的软处理，以减弱其硬度。

第一期文化代表作品有：

B型连体鸟纹骨匕（图四三）。柄部分别刻两组连体鸟纹图像。匠师善于抓住猛禽类动物特征，突出了大头勾喙、双目圆睁、正视前方的凶悍神态。头顶飘逸的线条，连体中心的圆圈、圆窝和圆圈上面的山形纹都形神俱备，其寓意神秘难测。

刻纹骨片〔T212（4A）:53〕。骨片上刻一只正在行走的野兽，躯干瘦长，竖耳垂尾。四肢弯曲作行走状，头部、腹后部以圆窝为中心刻多道圆圈。周身布满似条状虎毛纹，刻工细腻，图像似虎，颇具动感。

鸟形匕〔T243（4A）:367〕。圆雕，象牙质。柄端精雕细琢成鸟首，短身、长尾，并以成组短线表示丰满的羽毛和双翼，长尾光素无华。侧视似只静态中的鸟，线条简洁。

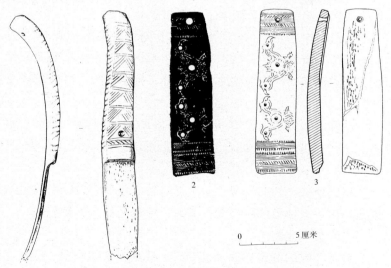

0   5厘米

图四三　第一期文化骨匕

1.B型 T32（4）:63　2.B型 T21（4）:18 拓本　3.B型 T21（4）:18

第二期文化代表作品有：

锥刺纹骨匕［T244（3B）：104］。系动物原状肋骨之一段，外弧面用尖锐工具钻成无数小圆点，组成一幅难得一见的兽形图像，似大象在行走中。大象图像两端分别由小圆点组成鹿和虎的形状，构图新颖，手法独到。

盖帽形器［T244（3B）：71］。象牙制品。器表两面雕有编织纹和蚕纹图案。这两种图案的组合表明匠师的联想能力非常丰富。

双鸟太阳纹蝶（鸟）形器［T226（3B）：79］。象牙制品。此蝶（鸟）形器残半。其上雕刻围绕圆窝为中心的五圈圆圈纹，同时在外缘上端刻出熊熊烈焰，两侧还各刻一只鸟，昂首相望，喙部锐利微勾、圆眼、伸颈、呈展翅欲飞状。整体构思十分巧妙，线条柔美，体现了高超的线条驾驭能力，其手艺的精巧程度与现代高超的匠人相比也毫不逊色，堪称河姆渡文化原始艺术之瑰宝。

（3）木雕

第一期文化代表作品有：

鱼形木雕［T231（4B）：309］。圆雕。张嘴、圆眼，胸鳍、尾鳍突出，周身饰大小不等的圆涡纹，用简练的弧线以示鱼鳃，质朴古拙。

鱼形器柄［T231（4A）：303］。提手柄雕成鱼形，体短肥，头、鳃、尾雕刻精细入微。此物不像一般器柄，可能是一件体现原始宗教观的权杖。

木质蝶（鸟）形器，分飞鸟式（A型Ⅰ式）和立鸟式（B型Ⅰ式）两种。全器制作精致，光洁无华。从背面都有凹槽及小圆孔分析，推测它们应当是安装或悬挂在建筑物上的饰物或标志。

木筒。硬木加工而成。圆柱形，中空，长短不一。器壁厚多为 1 厘米左右，内壁平直，有的加工有凸脊，并塞圆木饼。有的器表髹黑漆。其中一件 A 型 I 式木筒器表两端各用藤蔑箍圈，呈金黄色，光彩夺目，十分精美。有些研究者认为这是一种打击乐器。

（4）石雕

第一期文化发现鸟形器一件［T21（4）：43］。呈飞鸟式，右翼上方钻一小圆孔，其右上方似有绳索拉痕，形状及构造与木质飞鸟式鸟形器类似。

第三期文化也发现鸟形器一件［T243（2B）：13］。呈飞鸟式，左翼上端刻圆涡及双重圆圈纹一组，翼下部边缘刻短斜线纹一排，形状与第一期文化石质鸟形器类似。

这两种石质鸟形器的功能与木质鸟形器应当相同。

从上述具有代表性的陶、骨、牙、木、及石雕原始艺术作品上，我们看到河姆渡原始艺术的一些特点：在艺术创作方面，雕刻对象全是动植物形象的客观反映，这说明艺术形象是艺术家对现实生产和生活进行美的认识而创作的，它既渗透着艺术家的思想感情，也是客观生产与生活的反映。处于野蛮时代的河姆渡先民平日接触最多的，最熟悉的事物莫过于用其形式所表现出来的这些动植物，是它们增添了先民生产、生活的趣味和快乐。在艺术表现形式方面，河姆渡先民对动植物的创作形式是有所区别的。他们喜欢在动物身体上雕刻圆圈或多重圆圈纹，而在象牙制品雕刻的动物身体上不见圆圈或多重圆圈纹，在植物图案上也不见这种纹饰，其原因值得深思。动物图像上常出现短斜线纹，可能表现这种动物身体上长毛。综观这些原始艺术品在河姆渡六千件之多的出土器物中还是极少数，所以它们当不是日常生活用品，而似乎与河姆渡先民的特殊功能相关，如祭祀、图腾崇拜、巫术师法具、酋长佩饰等。

2．陶塑

陶器是研究新石器时代文化氏族生活的特征之一，也是了解原始塑造艺术发生、发展的唯一资料，应该说"塑"的技能始于新石器时代陶器表面的装饰。器表装饰源于平面的线纹，进而到器物的局部立体捏塑，使它充当器物的耳、把手或盖纽，题材多为常见的鸟、兽等。从中可以看出，河姆渡先民已掌握塑造形象的技法，观察事物能力较强。如河姆渡出土的一件器盖，其顶部塑造了一只动物作盖纽。随着造型能力增强，河姆渡先民还创造出整体作动物形象的陶器。如鸟形盉，器体稳健，形态生动。这种以鸟腹部作容器，以鸟首作注入口，以尾作流的巧妙造型设计，为原始工艺品开辟了新天地。异形鬶［T18（1）：8］通体作裸体女像，头部作注入口，腹部特地塑造两个丰满乳房，腿部肥硕圆润。动物形及人形陶器的设计，表明河姆渡先民的塑造才能已达到较为成熟的阶段，因而摆脱了陶器工艺的范畴，成为独立形式的圆塑也已经开始出现。猪形陶塑［T21（4）：24］突出了家猪丰满形态的外部轮廓，并能抓住家猪吻部较短、前后肢粗壮、腹部下垂等体形特征加以表现，以区别于野猪形态，作奔走状，笨拙之态可掬，令人爱不释手。这圆塑家猪形态，反映了河姆渡时期已经饲养家畜，并具有相当久远的历史。羊（狗）形陶塑［T16（4）：59］体态浑圆肥胖，昂首匍匐，形象生动。陶塑鱼［T242（3B）：68］身戳鱼鳞纹，意在表现游鱼之态。此外还有双头连体猪和水牛头形陶塑（图四四）。人首塑［T30（2）：8］高颧骨、凸

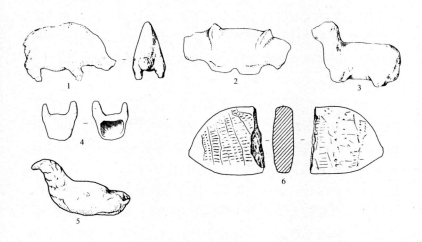

图四四　第一期文化陶塑动物示意图

1．猪 T21（4）：24　2．双头连体猪 T224（4A）：6　3．羊 T16（4）：59　4．水牛
头 T223（4A）：86　5．鸟 T214（4B）：146　6．鱼 T212（4B）：234

前额，塌鼻梁，阔嘴，长方脸。通过简单的捏塑和刻划，河姆
渡先民的脸部特征体现了藏巧于拙，寓美于朴的艺术魅力。在
这里，艺术语言达到了出神入化的境地，简练的刀法下呈现出
一个聪颖而童稚、朦胧而神奇的河姆渡先民的面孔。兽形塑
［T223（4A）：106］身躯高大肥胖，健壮的四肢稳重自然，作
静立之态，气魄深沉雄大，粗犷豪迈，浑朴古拙。奔兽
［T226（3B）：42］为堆塑品，体态浑厚壮实，张嘴嘶鸣，四
足腾空，作疾奔状。整个造型生动精美，给人以神彩飞扬、骄
健骏逸的印象。双飞燕［T243（3A）：39］为堆塑品，简练泥
条塑造了一对展翅翱翔的飞燕形态。另外，作为生殖崇拜的对
象原是妇女，这里还出现了对男性生殖器官的崇拜，河姆渡发
现的陶祖［T223（3B）：30］，捏塑而形成硕大有力的形状，

础，同时在桩木上架设大小梁承托地板，构成架空的建筑基座，再在其上架梁和围墙盖顶的建筑结构。这正是相传至今的干栏式木构建筑的典型形式。发现这种干栏建筑的考古遗址不少，如云南剑川海门口、湖北圻春毛家嘴、广东高要茅岗等遗址都曾发现过各种不同规模的干栏建筑遗迹，这些遗址干栏式建筑出现的年代都比河姆渡遗址要晚，但建筑技术水平却远不如河姆渡遗址。还有，我国西南某些较为偏僻地区的少数民族住的干栏式房屋，梁柱之间根本不见榫卯技术的应用，看到的只有藤条的捆扎。有了河姆渡的榫卯，才有后世的柱梁式和穿逗式木构架房屋。因此，河姆渡遗址发现的榫卯木构件制作技术，必将成为中国乃至世界建筑史上的宝贵财富。

第一阶段房屋建筑形式出现后，经过几百年的发展，到距今六千年左右，卷转虫海侵进入海退阶段。当时河姆渡地理生态环境发生了变化，气候条件趋向干旱，于是房屋建筑形式进入第二阶段，不再架空地面，而是在地面上直接立柱、柱与柱之间可能还是承前期干栏建筑方法安装板壁。屋顶仍沿袭前期两面坡的方式，室内可能在不高的龙骨上面铺地板。

第三阶段房屋，由于生态环境的变化，建房用材不像第二阶段用材粗大，柱子显得较小，柱与柱之间可能用树枝或灌木联结，根据有些探方发现带有小圆木印痕的红烧土块分析，可能是木骨泥墙式的地面建筑。湖北枣阳市雕龙碑新石器时代遗址和江西广丰社山头新石器时代遗址都发现过这种建筑结构的房屋。

（二）中国最早的织机

《庄子·盗跖》载："古者民不知衣服，夏多积薪，冬则炀

之，故命之曰，知生之民。"至神农氏时代才"耕而食、织而
衣"。古史传说表明，纺织业的出现是和农业的产生相联系的。
纺织业是在农业发生之后一段相当长的时间才产生的。河姆渡
遗址出土织机部件遗存证明了这一说法的正确性。河姆渡遗址
能有这么发达的农业，学者们都一致认为在它之前肯定经过相
当长时间的发生发展期。因为即使使用最简单的织布机，也需
要相对稳定的固定的生活场所，只有农业发展了才有可能提供
这样的条件。另一方面，纺织技术的进步，加快了纺织业的产
生。纺织技术起源于采猎时代，采猎时代的人们已懂得将植物
纤维或动物纤维捻成线绳，用以纺织。其方法是用手搓，或用
手在裸露的大腿上搓捻。在河姆渡遗址出土多块苇席，编得非
常好，有人字形的及经纬交错的。还出土有绳索（图四五），
线绳一般由双股线组成，较粗的绳索由三股线组成。此时的苇
编、绳索与现代编织物实难分辨，表明河姆渡先民的编织技术
在走过相当长的一段时间后已非常成熟。

图四五　第一期文化粗绳子

　　曾经有学者认为，纺轮的出现可以作为纺织业已经产生的标志。河姆渡遗址共出土陶、石及木质纺轮三百八十件之多，仅第一期文化就有二百一十一件。从民族学材料看，纺轮确系原始的纺织工具。纺轮系捻线的工具，纺轮分量的轻重与线的粗细有关，看来河姆渡文化时期已有纺织业是不成问题的。织布机部件的发现就是最好的佐证（图四六）。河姆渡遗址出土的织布机部件主要有用硬木制作的 F 型卷布棍〔T231（4A）：264〕。其两端削成四方形的小圆木棍，在同一水平方向削有斜向缺口，长 24.5 厘米，直径 1.8 厘米。C 型 I 式木锯形器〔T226（4A）：105〕呈理发工具中的牙剪状，其上有不等距的钝短齿二十一个，可能是用于固定经纱的工具，宽 1.8—2.8 厘米，厚 1 厘米。C 型 II 式木锯形器〔T222（4A）：153〕，齿状，齿与齿间距均匀，残留六齿，可能是用来固定经纱的，残

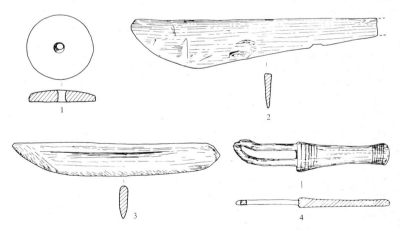

图四六　第一期文化木纺轮和刀示意图

1. 纺轮 T28（4）：43　2. A 型刀 T19（4）：66　3. A 型刀 T27（4）：17　4. B 型刀 T231（4A）：174

长 7.6 厘米。木机刀多形如戏剧舞台上使用的大刀道具。其中，A 型刀［T19（4）:66］一侧平整、一侧微弧，残长 22.8 厘米。B 型 I 式棍［T26（4）:53］为分经木，细长圆木两头削尖，质坚硬，残长 27 厘米。B 型 II 式棍［T232（4A）:106］为绕线棒，由小圆木制作，两端削尖，长 18 厘米。B 型骨梭形器［T20（4）:28］，用于引纬穿经。参照民族学材料，这些部件可能是水平式踞织机构件。西盟佤族使用的踞织机结构包括木桩、经轴、定经木、分经木、综干、机刀、布轴、梭子、小木棒和腰带等。把处理过的纱线均匀地绕在经轴与布轴之间。布轴用皮条或绳子系在织者腰间，织者两足前蹬经轴，使经纱绷紧。旋即安置提综，提综杆用细木棍，综丝用坚韧的细绳，前综、后综分别系在上层奇数和偶数的经纱上，其作用是在依次交替提起前综和后综时形成和变换底经和面经，再和分经木配合，就可形成一道织口。织梭用带缺口的小木棍做成，用手穿经引纬。打纬刀用于扩大织口和拍紧纬线。据此，河姆渡先民使用的织布机可能是水平踞织机。迄今为止的考古资料显示河姆渡遗址出土的织机是我国最早的织机，表明长江三角洲的原始居民已经能够运用水平踞织机织布了。

（三）中国最早的象牙雕刻

骨、角、牙器的制作与使用石器相比时间上稍晚些，但也有相当悠久的历史，它是随着原始社会人们狩猎业的发生发展而出现的。旧石器时代晚期骨器制作业随着狩猎业的繁荣而得到进一步发展，不但数量多，而且应用了磨光和穿孔技术。骨制品种类也由生产工具扩展到装饰品。骨器制造业到旧石器时代晚期已臻成熟。到了新石器时代，农业逐步取代了采猎业的地位，但骨器制造业并没有因此而衰落，相反，在新的条件下还有所发展。骨器制造业在新石器时代早中期达到全盛阶段。这时期的骨器制作一般都经过选料、裁割、修削及砥磨等工艺过程，有的还要进行钻孔和雕镂，制作得精致漂亮。骨器制造业进入新石器时代晚期得到更进一步发展，骨雕、牙雕相继出现，骨器数量大幅增长。

这时期的河姆渡遗址骨器数量特别丰富，共出土骨器达二千九百七十七件，其中象牙制品达二十五件之多。象牙器始见于河姆渡遗址第一期文化，距今七千年，是我国目前发现的最早的象牙制品。象牙器以飞鸟式象牙制品居多，还有圆雕鸟形器、笄等，一般正面制作较精、背面制作较粗，钻有小圆孔。A 型Ⅱ式圆雕牙笄〔T242（4A）:298〕体呈靴形，通体雕刻不规则弦纹。象牙比一般骨料硬得多，裁制、雕镂难度大，特别在原始社会，由于工具的简陋，制作尤为困难，这是不言而喻的。当时加工制作的方法仍值得我们加以研究。根据民族学材料，我国有些少数民族，在建国前生产力水平相对较低时，也能用极其简陋的工具制作象牙器。其方法是在加工前先将象牙置于酸性液体中浸泡，软化象牙，然后进行加工。河姆渡遗址出土的象牙制品，可能也经过类似的方法进行过软化处理，然后再进行雕刻。象牙雕刻并非易事。象牙圆雕艺术是雕刻艺术中难度更大的一种表现技法，不但需要把各部位雕刻得形神俱备，而且随着光线的移动能引起不同的视角效果。在七千年后的今天看来，这些象牙雕刻品仍具有不朽的艺术魅力，是稀有的原始工艺品。可以想像，如果那时没有较高的生产技术，没有训练有素的匠人，这些艺术品是难以制作出来的。何况，在那个没有金属工具的年代里，要制作一件象牙雕刻品就更加困难，需要花费的时间和精力必然更多。这些精致的象牙工艺品并非是河姆渡先民们自己的需要，也不是为一般人所享用，而是可能供氏族首领使用或用于宗教祭祀及图腾崇拜。

（四）中国最早的漆器

我国漆器制作工艺的历史也十分悠久。根据文献记载，早在虞舜的传说时代就开始用漆器作食器了。《韩非子·十过》载："尧禅天下，虞舜受之，作为食器，斩山木而财之，削锯修其迹，流添墨其上，输之于官以为食器，诸侯以为益侈，国之不服者十三。受禅天下而传之于禹，禹作为祭器，墨染其外，而朱画其内。"考古发掘资料表明，我国制漆历史比古史记载还要早。在新石器时代晚期的江苏常州圩墩遗址中发现有原始漆器；江苏吴江梅堰遗址中出土有棕色彩绘陶器，彩绘原料与漆十分相似，其年代距今约五千年左右。稍晚些时，辽宁敖汉旗大甸子墓地又发现漆、木器、纺织器痕迹、涂料及其镶嵌物的墓三十八座。在墓中多数漆器已成漆膜碎屑，器胎已朽，只余红色涂料碎屑，镶嵌物也散乱无秩序[3]。其年代距今约四千年左右。山西襄汾陶寺龙山文化遗址中也发现一批木器器身施以彩绘，多以红彩为地，以白、黄、黑、蓝、绿等色绘出图案，部分器物施单一红彩，有的器物，如 M1111 和 M3015 所出木豆，彩皮剥落成卷状，与漆皮相似[4]。1977 年在河姆渡遗址发现的距今六七千年的木器上有七件木筒施有黑色涂料，还有一件瓜棱形木胎圈足碗（图四七），器表施朱红色漆。经专家鉴定，此漆的光谱图与长沙马王堆汉墓出土漆器

图四七　第二期文化木胎漆碗

实物所施漆的光谱图相似。多数专家观察器表后认为这是漆当无疑义。至此，河姆渡遗址出土的漆碗成为我国发现的最早漆器实物资料，把我国髹漆的历史往前推移了近二千年。为后来高度发达的商周漆器工艺奠定了基础。

　　说到漆，中国古代漆器制作中所用的漆分为生漆和熟漆两种。所谓生漆又称"天然漆"、"大漆"、"国漆"，它是切割漆树的韧皮层之后流出来的一种乳白色液体。如果在生漆中添加颜料，就形成有色漆。漆树原产于我国，它是我国一个古老的树种。在河姆渡先民生活时期在村庄南面的四明山中曾有大片的漆树生长。河姆渡遗址的土样孢粉分析检测出有漆树科漆树属植物花粉化石，表明河姆渡先民具备了用漆的基本条件。同时，我们也知道气候对制作漆器也有很大关系。这是因为生漆是一种天然高分子化合物，需要在比较温暖、潮湿的条件下，漆膜才干燥较快，不易出现裂纹，而且光泽、硬度较好。六七千年前河姆渡的气候湿度正适宜漆器生产。有了上述两项良好的客观条件，河姆渡遗址中才有可能出土木筒、木碗等施漆木器等实物。

漆器不仅外观华丽鲜艳，漆膜具有优良的耐腐蚀性，更重要的是它基本上不污染食物，因此历代用漆器作饮食器的甚多。后来随着漆器生产的发展，漆器的使用范围也随之扩大。

（五）中国最早的木构水井

从已公布的新石器时代遗址考古发掘资料中得知有"井"遗迹的报道很多。在我国南方长江下游地区有：余姚河姆渡一口、上海青浦崧泽二口[5]、上海松江汤庙村一口[6]、浙江余杭庙前一口[7]、浙江嘉善大舜新港一口[8]、浙江湖州花城一口[9]、上海青浦寺前村二口[10]、江苏昆山太史淀六口[11]、江苏江阴璜塘與四口[12]、江苏吴江龙南二口[13]、浙江嘉兴雀幕桥一口[14]、江苏吴县澄湖五十余口[15]。在我国北方的黄河中下游地区有：河北邯郸涧沟二口[16]、河南临汝煤山二口[17]、河南洛阳矬李一口[18]、汤阴白营一口[19]、山东兖州西吴寺三口[20]、山西襄汾陶寺二口[21]。在这些水井资料中年代最早、结构保存较完整的要数浙江余姚河姆渡遗址第三期文化的木构水井。它比《世本》"黄帝见百物，始穿井"，《周书》"黄帝穿井"，《史记·五帝本纪》"……瞽叟又使舜穿井"等记载要早得多，它反映了"凿井而饮，耕田而食"的河姆渡文化经济生活面貌。

河姆渡木构水井的形制，更接近我国甲骨、金文的"井"

字，却和我国现行通用之"井"字并没有多大区别。金文中的"井"字，写作"丼"字，在"井"字中增加了一点，是何意？《说文解字》释此字作如下解释："井象构韩（同干，树干）形，罋象也。"河姆渡水井结构与金文中的"井"字相吻合，四周由四排排桩构成一个四方形井栏，并在排桩之上放十六根长圆木作为井架加固井口。罋是用来汲水的陶器。此井中也发现四系罐，可能就是汲水器。这可从河姆渡第二期文化中发现的罐耳穿绳实物得到启示。汲水器必须穿绳，一是省力，便于手提或肩挑；二是可延长手臂之功能，便于井中水位下降时取水。

为什么河姆渡先民要挖井取水？这可能与距今五千六百年前又一次海侵袭击河姆渡有关，海侵造成了河姆渡土地盐碱化，湖沼淡水变得咸涩难饮，此时的河姆渡先民想到挖井取水，以罐引汲，这是解决饮用水水质不纯的好办法。表明河姆渡先民能够认识地下水，并充分加以利用。从依赖自然到掘井取水，创造水源，这无疑是人类发展史上的一大进步。水井的发明和使用改变了人们的生活习惯，对进一步提高人体素质有积极作用。河姆渡水井成为我国挖井取水最早的实物例证。

注　释

[1] 严文明《中国河姆渡文化》序二，刘军、姚仲源编著《中国河姆渡文化》，浙江人民出版社 1993 年版。

[2] 傅熹年《中国古代建筑概说》，《傅熹年建筑史论文集》第 1、2 页，文物出版社 1998 年版。

[3] 中国社会科学院考古研究所《大甸子——夏家店下层文化遗址与墓地发掘报告》第 191 页，科学出版社 1996 年版。

［4］中国社会科学院考古研究所山西工作队、临汾地区文化局《1978—1980 年山西襄汾陶寺墓地发掘简报》，《考古》1983 年第 1 期。

［5］马承源等《上海文物博物馆志》第 48 页，上海社会科学出版社 1997 年版。

［6］马承源等《上海文物博物馆志》第 58 页，上海社会科学出版社 1997 年版。

［7］浙江省文物考古研究所《余杭良渚庙前遗址发掘的主要收获》，浙江省文物考古研究所编《浙江省文物考古研究所学刊》第 124 页，科学出版社 1993 年版。

［8］陆耀华、朱瑞明《浙江嘉善新港发现良渚文化木筒水井》，《文物》1984 年第 2 期。

［9］隋全田《湖州花城发现的良渚文化木构窖藏》，浙江省文物考古所编著《浙江省文物考古所学刊》第 203 页，文物出版社 1981 年版。

［10］马承源等《上海文物博物馆志》第 52 页，上海社会科学院出版社 1997 年版。

［11］陈兆弘《对昆山古文化遗址的认识》，江苏省考古学会编《江苏省考古学会第四、五次年会论文选（1985—1986）》第 22 页（1986 年）。

［12］尤维组《江苏江阴县横塘埝发现四口良渚文化古井》，《文物资料丛刊》第 5 辑第 195—199 页，文物出版社 1981 年版。

［13］龙南遗址考古队《江苏吴江梅埝龙南遗址 1987 年发掘记要》，《东南文化》1988 年第 5 期。

［14］嘉兴博物馆展览馆《浙江嘉兴雀幕桥发现一批黑陶》，《考古》1974 年第 4 期。

［15］南京博物院、吴县文管会《江苏吴县澄湖古井群的发掘》，《文物资料丛刊》第 9 辑第 1—22 页，文物出版社 1985 年版。

［16］北京大学、河北省文化局邯郸考古发掘队《1957 年邯郸发掘简报》，《考古》1959 年第 10 期。

［17］中国社会科学院考古研究所河南二队《河南临汝煤山遗址发掘报告》，《考古学报》1982 年第 4 期。

［18］洛阳博物馆《洛阳矬李遗址试掘简报》，《考古》1978 年第 1 期。

［19］安阳地区文管会（方西生等）《河南汤阴白营龙山文化遗址》，《考古》1980 年第 3 期。

［20］国家文物局考古队培训班《兖州西吴寺》第 23 页，文物出版社 1990 年版。

［21］中国社会科学院考古研究所山西工作队、临汾地区文化局（高天麟、张岱海）《山西襄汾陶寺遗址发掘简报》，《考古》1980 年第 1 期。

六 河姆渡文化研究的发展

　　研究任何学术问题，首先必须在总结前人积累的资料与研究成果的基础上进行。因此，这里有必要对这一地区的考古发现与研究情况作一回顾。

　　河姆渡文化研究从 1973 年发现并开始发掘至今，我们的研究工作大致经历了四个阶段。

　　第一阶段（1973—1978 年）。1973 年河姆渡遗址发现，同年开始了第一次发掘，1976 年召开"浙江余姚河姆渡遗址第一次发掘座谈会"，1978 年《河姆渡遗址第一期发掘报告》发表。这一阶段始终围绕确立"河姆渡文化"开展不懈工作，最终使"河姆渡文化"得以确立，并得到考古学界的认同。

　　第二阶段（1979—1983 年）。1979 年 5 月浙江省文物考古所组建，1979 年中国考古学会第一次年会在西安召开，牟永抗发表《试论河姆渡文化》一文，提出了有两支独立的新石器时代原始文化分布于钱塘江南北的新观点。1980 年河姆渡遗址第二次发掘主要收获发表，提出河姆渡四期文化说。1981年中国考古学会第三次年会上，牟永抗将浙江新石器时代考古分了四大块[1]。刘军把河姆渡文化分为一至四期[2]。本阶段由于河姆渡遗址第二次发掘获得信息资料较第一次发掘丰富。又值桐乡罗家角遗址发掘第四文化层年代碳十四测定为距今7040±135 年，并发现有敞口和敛口肩脊釜，较河姆渡第一期文化年代早些。从而改变了浙江新石器文化发展序列为河姆渡文化——马家浜文化——良渚文化的传统看法。提出了河姆渡文化和马家浜文化是活跃在钱塘江南北的两支独立原始文化的新概念，河姆渡文化有自己的发展序列。此阶段，同时对河姆渡遗址第二次发掘资料进行了室内整理。综观这阶段的成果，理论在实践的基础上丰富，认识在实践的基础上提高。

第三阶段（1984—1987 年）。由于工作重心的转移，河姆渡工作班子成员先后调出，考古发掘及室内整理告停，致使河姆渡文化研究工作形成了一段时间的沉寂。

第四阶段（1988—1999 年）。1988 年浙江省文物考古研究所成立了"河姆渡文化研究课题组"，河姆渡文化研究迈进了一个新阶段，河姆渡文化遗址发掘积极开展。与此同时，河姆渡文化的研究人员，对河姆渡遗址两次发掘和河姆渡文化新发现的考古材料进行深入研究，研究成果丰硕，发表了多篇论著。

（一）河姆渡文化考古研究的进一步深入

河姆渡遗址经过 1973 年和 1977 年两次发掘之后，浙江的考古工作者们在宁绍平原及舟山群岛曾进行过多次考古调查和发掘。

1. 考古调查

第二次河姆渡遗址发掘之后的第二年（1979 年）冬和第三年（1980 年）春，刘军、吴玉贤、陈元甫、丁友甫及叶树望等对宁绍平原上的古文化遗址作了一次全面调查，发现新石器时代遗址三十多处，加上宁绍地区文物部门调查的二十余处，现已知宁绍平原和舟山群岛共有河姆渡各期文化遗址五十余处。现根据浙江省文物考古有关调查资料择其主要者概述如下：

　　童家岙遗址位于慈溪横河镇童家岙村小山北 500 米处的南江两岸，面积约 40000 平方米。1980 年春试掘，厚仅 0.25 米，试掘地点可能是遗址西部边缘。发现遗物有陶片、石器，未见骨器和木器。陶片有夹炭黑陶和夹砂灰黑陶两种，后者少数器表泛红。另有泥质灰陶、可辨器形有单把釜、双錾敞口釜、长颈无肩敞口釜、弧敛口釜、圆柱形釜支架，口沿内弧的敞口釜、钵式豆及釜形鼎等。石器方面有黑色变质岩，平面呈梯形、器身保留较多的打琢痕迹，高低刃，仅见刃部磨光的石锛。从这些可辨器形分析，该遗址包含两个以上地层，当属河姆渡第一、二、三期文化。

　　鲻山遗址位于余姚丈亭镇西岙村鲻山东南麓，面积约 50000 平方米。1980 年试掘，分上下两个文化层，上层厚 0.2—0.3 米，下层厚 0.25—0.3 米。上层陶系较多，有夹砂灰陶、夹砂红陶、夹炭陶、泥质红陶和泥质灰陶等。可辨器形有外红里黑盘式豆、牛鼻形器耳、扁腹敛口釜、圆锥形鼎足、扁锥形鼎足、双目式鼎足、鸭嘴形鼎足、猪嘴形釜支架、敞口筒腹釜、隔档釜、单耳钵及浅杯形纽器盖、石器有石斧、石锛等；下层陶系较简单，只有夹炭和夹砂黑陶两种。可辨器形有双耳罐、罐式盉、肩脊敛口釜、折敛口钵和肩脊敞口釜等。下层文化可辨器形显示其当属河姆渡第一、二期文化。上层可辨器形显示其当属河姆渡第三期文化。

　　下庄遗址位于余姚市河姆渡镇下庄村西北角北罗浦新闸所在地。面积约 10000 平方米，从地层剖面得知，有上下两个文化层，上层与下层间隔厚 8 厘米的淤泥层。陶系分夹砂灰陶、夹砂红陶、夹砂黑陶和泥质红陶。夹砂灰陶数量居多，颜色偏黑，系烟熏所致。可辨器形主要有敞口束颈带脊釜、圆锥形双目式鼎足、牛鼻形器耳、猪嘴形釜支架、灶支子、浅杯形纽器盖及外红里黑喇叭形圈足豆等。石器方面有通体磨光的长条形石锛和赭色石纺轮等，均通体磨光。从上述器形特征看该遗址文化内涵当属河姆渡第三、四期文化。

翁家山遗址位于余姚丈亭镇湖田湾村翁家山东南麓。面积约5000平方米，单一文化层，厚约0.5米。陶系有夹砂灰陶、夹砂红陶、泥质灰陶和泥质黑陶。纹饰有绳纹、弦纹、指捺纹和镂孔等。可辨器形有口圆内凹的敞口釜、圆锥形和鱼鳍形鼎足、外红里黑喇叭形豆把、猪嘴形釜支架和折腹盆等。另外，还有一些质地较坚硬的陶片，并饰方格纹及编织纹。根据器形特征，该遗址属河姆渡第三期文化遗存，可能还有商周时期的遗存。

周家汇头遗址位于余姚河姆渡镇浪墅桥村周家汇头北约100米。面积不明，破坏较甚。陶系分夹砂红陶、夹炭红衣陶和泥质红陶。可辨器形有盘口釜、外红里黑喇叭形圈足豆及浅杯形纽器盖等。另外，采集到一件用辉绿岩制作的仅见刃部磨光的石斧。从有限的可辨器形观察，该遗址属河姆渡第三期文化遗存。

田屋遗址位于余姚河姆渡镇方家村田屋东缘。从剖面获悉遗址南北长120米，东西宽不明，文化层厚约0.6—0.7米，文化层由北而南逐渐变薄。陶系有夹砂灰陶、夹砂红陶、夹炭红衣陶和泥质红陶。可见纹饰有绳纹、指捺纹、菱形纹及附加堆纹。可辨器形有表红胎黑的细长喇叭形豆柄、夹炭红衣陶盘口釜和夹砂红陶鱼鳍形鼎足。根据这些可辨器形陶片观察，该遗址属河姆渡第四期文化遗存。

王家遗址位于余姚河姆渡镇钱家漕东北约500米。面积约

40000 平方米，文化层厚约 0.4—0.5 米。陶系有夹砂红陶、夹砂灰陶、夹炭红衣陶和泥质黑陶。可见纹饰有绳纹、弦纹和附加堆纹。可辨器形有宽沿敞口釜、鱼鳍形鼎足、扁圆锥形和丁字形鼎足，喇叭形豆把及鸟首形釜支架等。根据上述可辨器形分析，该遗址属河姆渡第四期文化遗存。

芦家桥遗址位于鄞县古林镇上下陈村芦家桥西侧约 50 米处。面积约 8000 平方米，分上下两个文化层。上层厚约 0.5 米，陶系有夹砂红陶、泥质红陶和泥质黑陶。可见纹饰为绳纹。可辨器形有鱼鳍形鼎足、盘、豆等，石器有石刀、石斧等。下层厚约 0.4 米，陶系有夹砂红陶、夹炭红衣陶和泥质红陶。可见纹饰有绳纹与附加堆纹。可辨器形有敞口釜、外红里黑喇叭形圈足豆、扁圆锥形鼎足等。同时发现鹿角、牛头骨、稻谷及木构件等有机物。根据可辨器形分析，上层当属河姆渡第四期文化遗存，下层属河姆渡第三期文化遗存。

八字桥遗址位于宁波慈城镇八字桥村北 500 米。面积约 10000 平方米，文化层厚约 1—2 米。陶系有夹砂红陶、夹砂灰陶、泥质灰陶、泥质红陶、泥质黑陶。可见纹饰有绳纹、附加堆纹等。可辨器形有敞口釜、多角沿釜、鼎足、罐、盆、钵、豆、器盖、猪嘴形及鸟首形釜支架及陶塑玩具等。石器有石斧、石锛、石刀及石杵等。另外，还有炭化稻谷、带榫木构件和动物骨骸等。根据可辨器形分析，该遗址包含物当属河姆渡第三期文化和第四期文化遗存。

傅家山遗址位于定海金塘镇繁荣村傅家山下。根据陶片散布情况分析，该遗址面积较大。陶系有夹砂红陶、夹砂灰陶、泥质红陶和泥质灰陶。可见纹饰为弦纹和篮纹。可辨器形有釜、鼎、罐、钵及豆等。根据可辨器形分析，该遗址可能属良渚文化类型遗址。

　　发现的河姆渡文化遗址有一定数量（表二），遗址点分布不平衡，绍兴地区（曹娥江以北）迄今为止未见有河姆渡文化遗址发现，而宁波地区有的县境内也未发现河姆渡文化遗址，舟山地区河姆渡文化遗址也不多见。已发现河姆渡文化遗址较多的地方，第一、二期的文化遗址十分匮乏，而以第三、四期的文化遗址居多。这种现象的产生可能有两种原因：一是专题性调查缺乏；二是第一、二期文化遗址埋藏较深，一般不易发现。所以，"河姆渡文化"作为一个地域性的考古学文化，尚待今后有更多的遗址发现。

表二　　　　　　河姆渡文化遗址（存）登记表

遗址（存）名称	地点	可辨器形	期别	资料来源
坑山垅	余姚丈亭下徐塔村	夹砂灰陶口沿内凹敞口釜，外红里黑泥质红陶喇叭豆，夹炭红衣盘口釜，夹砂红陶釜，夹砂红陶圆锥形鼎足和鱼鳍形鼎足，泥质黑陶敛口钵，猪嘴形釜支架等。	三	浙江省文物考古研究所考古调查资料
前溪湖	余姚肖东相桥	夹砂红陶敞口垂腹釜，夹砂红陶圆锥形、扁锥形、凿形鼎足，泥质灰陶圈足罐，泥质黑陶竹节形豆柄，石锛、石镞及骨锥。	四	浙江省文物考古研究所考古调查资料
云山头	余姚二六市云山东麓	夹砂红陶口沿内凹的敞口釜，夹砂红陶圆锥形和鱼鳍形鼎足，泥质红陶罐。	四	浙江省文物考古研究所考古调查资料
新周家	余姚丈亭寺前王	夹砂红陶釜、鼎口沿残片，夹砂红陶鱼鳍形鼎足，泥质红陶罐，泥质红陶喇叭形豆把，泥质灰陶喇叭形豆把，泥质灰陶盆，夹炭黑陶圈足。	四	浙江省文物考古研究所考古调查资料

遗址（存）名称	地点	可辨器形	期别	资料来源
张界	余姚江中张界村	夹砂红陶及夹砂灰陶釜、鼎口沿片，泥质灰陶圆柱形器把。	四	浙江省文物考古研究所考古调查资料
汪界	余姚丈亭寺前王	夹砂灰陶口沿内凹的敞口釜，夹炭红衣陶盘口釜，泥质黑陶喇叭形豆把，夹砂红陶鱼鳍形鼎足，丁字形鼎足，鸟首形釜支架。	四	浙江省文物考古研究所考古调查资料
兵马司	余姚双河安山桥	夹砂红陶鱼鳍形、三棱形鼎足，夹砂红陶浅形钮器盖，泥质红陶喇叭形豆把和盘形豆，泥质红陶罐、盆，泥质黑陶竹节把豆及鸟首形釜支架，三棱形鼎足根部饰"十"字纹。	四	浙江省文物考古研究所考古调查资料
相山佛堂	余姚江中李家村	夹砂红陶敞口釜、鼎口沿、鱼鳍形足，夹砂灰陶鸡冠耳、敞口釜和鼎的口沿，泥质宽翻沿红陶盆，泥质灰陶钵式豆盘，泥质灰胎黑皮陶豆把。	四	浙江省文物考古研究所考古调查资料
桐山	余姚双河桐山村	夹砂红陶圆锥形、扁锥形鼎足，夹砂红陶敞口釜或鼎的口沿，夹炭红衣陶圈足碗。	四	浙江省文物考古研究所考古调查资料
黄家山	余姚双河桐湖村	夹砂红陶敞口釜口沿、袋足，夹砂红陶圆锥形、鱼鳍形、凿形鼎足，泥质红陶及泥质灰陶的器物腹片，鸟首形釜支架。	四	浙江省文物考古研究所考古调查资料
王其弄	余姚罗江王其弄	夹砂红陶圆锥形鼎足，浅杯形盖纽，泥质红陶罐和豆盘，磨光穿孔石斧。	四	浙江省文物考古研究所考古调查资料
车厩一中	车厩一中	夹砂红陶鱼鳍形鼎足，泥质红陶罐口沿和器嘴，泥质灰陶腹片，夹砂红陶鸟首形釜支架。	四	浙江省文物考古研究所考古调查资料
红庙山	象山丹城	夹砂红陶圆锥形鼎足，鱼鳍形鼎足，夹砂红陶敞口釜口沿，夹炭红衣陶敞口釜口沿，泥质灰陶镂孔豆柄。	四	浙江省文物考古研究所考古调查资料

遗址（存）名称	地点	可辨器形	期别	资料来源
庙山头	象山茅洋乡溪口街村庙山头	夹砂红陶、泥质红陶和夹炭红陶片较多，可见曲折纹和绳纹等纹饰，夹砂红陶釜、鼎口沿罐、盆口沿片，石刀、石斧。	四	象山县文物管理委员会办公室
鲻山	余姚丈亭西岙村	详见本书介绍。	一 二 三	浙江省文物考古研究所考古调查及发掘资料
童家岙	慈溪横河童家岙村	详见本书介绍。	一 二	浙江省文物考古研究所调查考古资料
下庄	余姚河姆渡下庄村	详见本书介绍。	三	浙江省文物考古研究所考古调查资料
翁家山	余姚丈亭湖田湾村	详见本书介绍。	三	浙江省文物考古研究所考古调查资料
周家汇头	余姚河姆渡周家汇头	详见本书介绍。	三 四	浙江省文物考古研究所考古调查资料
田屋	余姚河姆渡方家村	详见本书介绍。	三 四	浙江省文物考古研究所考古调查资料
王家	余姚河姆渡钱家漕	详见本书介绍。	四	浙江省文物考古研究所考古调查资料
芦家桥	鄞县古林下陈村	详见本书介绍。	三	鄞县文物管理委员会考古调查资料
八字桥	宁波慈城八字桥村	详见本书介绍。	三 四	《考古》1979年第6期
傅家山	定海金塘繁荣村	详见本书介绍。	四	舟山文物管理委员会考古调查

续表二

遗址（存）名称	地点	可辨器形	期别	资料来源
慈湖	宁波慈城北面	详见本书介绍。	三 四	《浙江省文物考古研究所学刊》(1993年)
小东门	宁波慈城东面	详见本书介绍。	三 四	考古调查
名山后	奉化南浦乡名山后村	详见本书介绍。	三 四	《浙江省文物考古研究所学刊》(1993年)
塔山	象山丹城东塔山南坡	详见本书介绍。	三 四	《浙江省文物考古研究所学刊》（1997年）
鲞架山	余姚河姆渡王其弄村	详见本书介绍。	一 三	《考古》1997年第1期
田螺山	余姚三七市相岙村	夹炭黑陶和夹砂黑陶肩脊敛口釜和敞口釜、罐、盘、钵陶片等。	一 二 三	河姆渡遗址考古调查资料
三棚桥	上虞百官三棚桥	夹砂灰陶敞口、圆鼓腹、绳纹圆底釜，泥质红陶鸟形盉等。	三	上虞文管所调查资料
五星	宁波慈城五星村	夹炭黑陶敞口釜，夹砂灰陶圆锥形鼎足，泥质红陶喇叭形把豆，木构件、骨、稻谷和野果等动植物遗存。	三 四	宁波考古所考古调查资料
大舜庙后墩	岱山岱东乡北二村	石器有石斧、有段石锛、柳叶形石镞。陶器有夹砂灰陶、夹砂红陶等。可辨器形有夹砂灰陶圆锥形足的鼎、夹砂灰陶臼等。	四(含四)以后	舟山市文物管理委员会办公室考古调查资料
白泉	定海白泉十字路口附近	石器有磨制的长条形斧、有段石锛、圆饼形纺轮等。陶器以夹砂红灰陶为主，泥质红陶次之，还有少量夹炭黑陶。可辨器形有敞口釜、多角沿釜、泥质红陶喇叭形豆柄、牛鼻形器耳、猪嘴形和鸟首形釜支架，圆锥形、三棱形、宽扁形鼎足。	三	《考古》1983年第1期

2．考古发掘

从 1988 年发掘宁波慈城镇的慈湖遗址开始，河姆渡文化研究又进入了一个新高潮。1988—1999 年，考古工作者在宁波地区对河姆渡文化遗址——宁波慈城慈湖、奉化名山后、象山塔山、宁波慈城小东门、余姚鲞架山、北仑沙溪及余姚鲻山等七处遗址先后进行了十次发掘。

慈湖遗址[3] 位于宁波市江北区慈城镇北慈湖的西北缘。该遗址经过试掘和发掘，发掘面积 300 平方米。分上下两个新石器时代文化层。上层陶系主要有夹砂灰陶和泥质黑皮陶。纹饰以绳纹和镂孔为主，绳纹多见于釜腹或鼎腹，镂孔多饰于豆的柄部。器类有圜底、平底、圈足及三足（袋足）器。主要器形有鱼鳍形足釜形鼎、T 字形足釜形鼎、双鼻壶、宽耳杯和口沿饰锥刺纹的罐，与良渚文化同类器型相似。碳十四测年为距今 5365±125 年，与河姆渡第四期文化可衔接。下层陶系分夹炭（有色）陶、夹砂灰陶及泥质黑皮陶等，以器表盛行施陶衣的夹炭陶占多数。纹饰盛行附加堆纹间刻划纹、绳纹，此外还有少数篮纹。器类以圜底器为主，圈足器、三足器也有，不见平底器。器形主要有夹炭（有色）陶盘口束颈圜底釜、敞口圆腹釜、圜底钵、圆形纽器盖及猪嘴形釜支架等。同时，还出土了不少木器。碳十四测年距今 5747±110 年，增加了河姆渡第三期文化向第四期文化过渡的链条。

名山后遗址[4] 位于奉化市南浦乡名山后村。该遗址经过 1989 年和 1991 年两次发掘，发掘面积 600 多平方米，野外发掘分十二个地层，堆积厚度 2.8 米。第十二层至第十层，主要陶系有夹砂灰陶、夹砂红陶、泥质红陶和夹炭（有色）陶。纹饰有绳纹和镂孔。器类有圜底器、平底器、圈足器、三足器及袋足器。器形主要有敞口鼓腹圜底釜、多角沿釜、钵形釜、半圆锥足釜形鼎、外红里黑喇叭形圈足豆、牛鼻耳罐、侧把平底盉、异形鬶及猪嘴形釜支架等。上述这些器形都可以在河姆渡第三期文化中找到它们相对应的型式，故第十二层至第十层当属河姆渡第三期文化遗存（含慈湖遗址下层因素）；第九层和第八层陶系分夹砂红陶、泥质灰陶、夹炭（有色）陶、泥质红陶及泥质黑皮陶，前三种陶系为主要陶系。纹饰有绳纹、刻划纹及镂孔。器形主要有宽沿内弧球腹圜底釜、釜形鼎、镂孔圈足豆、花瓣形圈足杯及凿形、舌形和鱼鳍形鼎足等。第九层至第八层出土的这些器物在河姆渡第四期文化遗存中同样可以找到与它们相对应的器物。第七层至第二层陶系以夹砂红陶为主，泥质灰陶、泥质黑陶次之，尚有一定数量的泥质红陶及夹炭灰陶。纹饰可见绳纹、刻划纹及弦纹，还有最引人注目的"鸟首蛇身"阴刻纹图案。器形主要有鱼鳍形足盆形鼎、T字形足盆形鼎、鱼鳍形足釜形鼎、竹节把豆和双鼻壶等。这些器物特征与良渚文化极为相似。

塔山遗址[5]位于象山丹城镇东塔山南麓。1990 年和 1993年两次发掘，发掘面积 545 平方米，堆积厚达 2 米，分为九层。另外，第九层下发现四十座墓葬、第七层下发现十五座墓葬。第九和第八层陶系有夹砂红陶、夹炭（有色）陶和泥质红陶。纹饰有绳纹、镂孔等。器类有圜底器、圈足器和三足器。器形主要有宽沿内弧敞口釜、多角沿釜、喇叭形圈足豆、鸭嘴形双目式足鼎、夹炭红衣敛口釜及猪嘴形釜支架等。这些器形与河姆渡第三期文化陶器器形基本一致。第九层下四十座墓的随葬器物主要是外红里黑喇叭形圈足豆、敞口绳纹厚胎釜（冥器）、扁圆锥形带目式足釜形鼎及圈足罐等。其年代大致应在河姆渡第三期文化范围。第七层陶系分夹砂红陶、泥质灰陶、夹炭（有色）陶、泥质黑皮陶及泥质红陶。纹饰有绳纹和镂孔等。器形主要有宽沿内弧敞口釜、敞口绳纹圜底釜、镂孔圈足豆及平底罐等。第七层下十五座墓的随葬器物与地层出土陶器基本相吻合。该层及该层下的墓葬当属河姆渡第四期文化。第六和第五层陶系为夹砂红陶、泥质灰陶和泥质黑皮陶。主要器形有鱼鳍形足鼎、T字形足鼎、双鼻壶和竹节把豆等。石器主要有耘田器、半月形穿孔石刀及有段石锛等。这些器物都是良渚文化的典型器物。

小东门遗址[6]位于宁波江北区慈城镇小东门外海拔15米的汤山东南麓。1992年发掘，发掘面积200平方米。文化层厚达1.4—2.6米，分九层。第七、八、九层陶系有夹砂红陶、夹砂灰陶和泥质红陶。纹饰有绳纹。器形主要有多角沿釜、外红里黑喇叭形圈足豆、牛鼻耳罐、扁圆锥形双目式足釜形鼎及异形盉等与河姆渡第三期文化器物相似。第五、六层陶系有夹砂红陶、夹砂灰陶及泥质灰陶等。纹饰主要是绳纹。器形主要有敞口圆腹釜、鱼鳍形足釜形鼎、圈足盘、折腹豆等。这些陶器器形可能稍晚于河姆渡第四期文化。

鲞架山遗址[7]位于余姚河姆渡镇王其弄村鲞架山东南麓。距河姆渡遗址1公里。1994年发掘，发掘面积600多平方米，分四层，文化层厚达1.5米。第四层陶系有夹砂灰陶、夹砂红陶、夹炭红陶和泥质红陶。纹饰有绳纹、贝齿纹和附加堆纹等。器类有圜底器、平底器、不见圈足器和三足器。器形主要有侈口筒形带脊釜、敞口扁腹圜底釜、双耳罐、单把钵、盆及盘等。另外，还出土有石器、骨器、木器等，碳十四测年为公元前4335—前4044年。从现有主要器物观察此层应当比河姆渡第二期文化稍晚些。第三层陶系有夹砂红陶、夹炭红衣陶和泥质灰陶。纹饰有绳纹、镂孔和附加堆纹。器形主要有盘口束颈圆腹圜底釜、敞口釜、釜形鼎及镂孔圈足豆等。碳十四测年为公元前 2874—前 2498 年。此层文化面貌相当河姆渡第四期文化。

沙溪遗址[8]位于宁波北仑区柴桥镇东，经过 1994 年和 1996 年两次发掘，发掘面积 400 平方米，文化层厚度 1—1.5 米。出土有鱼鳍形足鼎、T 字形足鼎、竹节把豆及黑皮陶宽把杯等，与良渚文化器形特征相似，但也有一部分器物具有地域特色。

鲻山遗址[9]位于余姚丈亭镇西岙村鲻山东南麓。1980 年试掘，1996 年发掘，发掘面积 300 平方米。堆积厚约 3 米，分十层。第十、九、八层陶系有夹炭灰陶和夹砂灰陶。纹饰有绳纹、刻划纹及动植物纹图案等。器类有圜底器、平底器和圈足器。器形主要有敞口与敛口肩脊釜、双耳罐、平底盘、敞口盆及单把钵等。同时出土的还有石斧、石锛和细小石器等。根据这些主要陶器器形特征，我们在河姆渡第一期文化遗存中基本上都可以找到与之相对应的陶器型式。第七层和第六层以夹砂红陶为主，外红里黑的泥质陶有一定比例。第五、四、三层陶系以夹砂灰陶和泥质红陶为主。纹饰有绳纹、刻划纹、贝齿纹和附加堆纹等。器类有圜底器、平底器、圈足器和三足器。器形主要有侈口长颈扁腹釜、敞口釜、敛口扁腹釜、扁腹釜形鼎、外红里黑喇叭形圈足豆、牛鼻耳罐以及鸟形提梁盉（垂囊盉）等。综观这些陶器器形，有些应属河姆渡第二期文化陶器，而大部分器形在河姆渡第三期文化中可以找到相应的陶器型式。

通过这十年的不间断工作，河姆渡文化发展环节上的各个链条衔接得更加紧密。在多个遗址发现河姆渡第四期文化之上叠压着良渚文化地层，使人们认识到钱塘江不是不可逾越的天堑，并提出了良渚文化钱塘江南岸类型的新概念。这是在进行河姆渡文化研究过程中取得的一个重要成果。

3．分期与年代

河姆渡遗址第一次发掘结束之后不久，"河姆渡文化"的命名为考古界所认同，不过此时的"河姆渡文化"概念仅限于河姆渡遗址第一、二期文化内涵。当河姆渡遗址第二次发掘结束之后，由于出土器物的大量补充，各期之间文化内涵的内在联系显得更加紧密，一些器物发展轨迹清晰可见，某些文化因素贯穿始终，故而在此基础上提出了河姆渡文化应包含河姆渡遗址全部内涵的观点。之后宁绍平原上又发掘了多处河姆渡文化遗址，河姆渡文化的相关材料较大程度上得到充实和加强，为进一步审视河姆渡文化提供了更多的科学依据。

我们可以用河姆渡遗址的分期作为标尺，采用比较的办法将河姆渡文化相关遗址的陶器纳入河姆渡遗址的相应期别（表三），以便检验河姆渡文化分期是否可用河姆渡遗址的分期作衡量标准。

前面在叙述河姆渡遗址文化内涵时，根据地层的层位关系和文化遗物的特征，将河姆渡遗址分为一、二、三、四期文化。划分河姆渡遗址第一期与第二期的主要依据是第二期敛口肩脊釜减少，敞口肩脊釜的肩脊渐趋退化消失，变成鼓腹釜。新出现了口沿饰花边的敞口釜和大型圈足豆。鲻山遗址第十层和第九层，发掘者称之为鲻山一期，以夹炭黑陶为主，陶器主要有敞口无肩带脊釜，敞口、敛口肩脊釜，双耳平底罐，平底盆、盘，单把钵及罐式盉（试掘所得）等。这些器物不仅与河姆渡遗址第一期（后段）器类基本相同，造型风格也基本一致，陶器器表的装饰风格如口沿及肩部的弦纹、谷粒纹、贝齿纹、短斜线纹、叶纹及叶芽纹等也都基本相同。鲻山第八层夹砂灰陶增加，发掘者称之为鲻山二期，夹炭黑陶陶色由黑变灰，器壁变薄，刻划纹减少，流行附加堆纹。敛口肩脊釜数量下降、敞口釜增加，其中侈口、长颈、浅腹釜，体形较大的盘形和钵形圈足豆及双耳置于颈肩部位的双耳罐等器物的特征与河姆渡第二期文化相符。鲞架山第四层以夹砂灰褐陶为主，夹炭陶为次，器表无华。还有侈口粗颈扁圆腹釜，宽沿及平唇敛口钵（原《报告》称"盘"）及束腰形圈足豆等。这些器物与河姆渡第二期文化相应器物雷同。

划分河姆渡遗址第二期与第三期的主要依据是第三期文化不见肩脊敛口釜及敞口釜，新出现了陶鼎、敞口宽沿内凹的垂腹釜和外红里黑的喇叭形圈足豆。鲻山第七层和第六层，发掘者称之为鲻山三期，以夹砂灰陶为主，侈口、长颈、扁腹圜底釜最具特征，外红里黑的泥质红陶宽沿豆，圆体提梁盉也是此期的典型器物。此期器物与典型遗址第二期文化的典型器物有较大差异。似归入第三期文化（前段）恰当些，因为外红里黑的宽沿豆是第三期文化代表性器物之一。鲻山第五、四、三层，发掘者定为鲻山第四期。出土大量的夹砂灰陶，泥质红陶也有相当数量，主要器形有敞口圜底釜、敛口扁腹釜、扁腹釜形鼎、牛鼻耳罐、泥质红陶喇叭形圈足豆及提梁鸟形盉（垂囊盉）等。根据上述器形鲻山第四期似属河姆渡第三期文化。名山后第十二层和第十一层，发掘者称之为名山后一期，以夹砂灰陶为主，泥质红陶比例不少。敞口宽沿内凹垂腹釜、多角沿釜、半圆锥形足釜形鼎、外红里黑喇叭形圈足盘形豆、牛鼻耳罐、侧把平底盉、异形鬶、圈足盆及猪嘴形釜支架等，与河姆渡第三期文化相当。塔山第九层下四十座墓葬出土有夹砂红陶侈口鼓腹釜，器形较小，可能是冥器。外红里黑喇叭形镂孔圈足豆，发掘者称此种豆为盘形豆，笔者认为其中有盘形豆，多数属钵形豆。发掘者称塔山第九层下的墓葬可纳入河姆渡第三期文化。笔者赞成此种说法，但是否断定其属河姆渡三期文化早期阶段，因材料单薄，尚待研究。塔山第九、八层及部分灰坑出土的夹砂红褐陶多角沿釜、牛鼻耳罐和猪嘴形釜支架等器物仍属河姆渡三期文化的中、晚阶段。鲞架山 A 区的五座瓮棺墓，发掘者将其定为鲞架山二期。二期葬具是夹炭红衣陶的盘口束颈扁圆腹釜，较慈湖下层的盘口釜器体大得多，但其形状雷同，溜肩上也有繁褥的装饰，慈湖下层的碳十四测年为距今 5747±110 年（树轮较正），因此可纳入第三期文化后段或第四期文化前段。

　　划分河姆渡第三期文化与第四期文化的主要依据是第四期出现了夹炭红衣陶的盘口釜、敞口束颈鼓腹釜和型式多样的镂孔柄豆。塔山第七层下墓葬出土器物有侈口宽沿微内凹的绳纹圜底釜（冥器）、镂孔圈足盘、敛口钵式豆、折腹圈足罐及鸟首形釜支架等，与名山后第八层下墓葬出土器物极为相似，似可纳入河姆渡第四期文化后段。河姆渡第一层下的十座墓葬出土夹炭红衣陶束颈盘口釜和敞口鼓腹釜，腹最大径在中腹，这与鲞架山二期墓葬出土器物似有密切关系，但河姆渡盘口釜系实用器，且折腹。从时间上看，河姆渡的十座墓出土器物应比鲞架山二期墓晚，应列在鲞架山二期墓之后。

　　综上所述，分布在宁绍平原上河姆渡遗址的包含物与各典型遗址相应期别的包含物大多有相同的特征，有些遗址的某些层位，灰坑或墓葬出土物在典型遗址中所不见，这些地层或单元填补了河姆渡文化发展链条上的缺环。由此可以看出河姆渡文化四大期基本上反映了河姆渡文化发展的全过程。

在河姆渡一、二期文化中，数量上占绝对优势的肩脊敞口、敛口釜是河姆渡文化早期阶段最富特征性的器物，为全国其他新石器时代遗址所不见。与其伴出的敞口垂腹釜、敞口鼓腹釜、筒形釜及盘口釜等虽然数量少，但在发展过程中"队伍"不断壮大，特别是前面二种敞口釜表现突出，而且发展轨迹清楚，还有豆、盉及釜支架等都遵循着各自的演化规律，从而代表了同一类器物的不同发展阶段。

敞口垂腹釜的主要特点是腹的最大径近底部，口部及腹部的变化阶段性明显。

一期：口径略大于器高，腹的最大径偏下不显著。

二期：口径比一期增大，外口沿有圈凸脊，腹部最大径接近底部。

三期：口沿较宽，微内凹，外沿有圈似棱的弱脊，上腹饰弦纹或斜线纹。腹的最大径略往上提。

四期：口径缩小，由前几期的大于器高变为小于器高，口沿斜直，又大又粗的颈变成束颈。

敞口鼓腹釜的主要特征是腹的最大径始终在腹中部，但口沿在变化。

一期：口径小于器高，腹部无纹。数量少。

二期：口径大于器高，器形显得略扁矮，腹饰绳纹。数量略有增加。此期肩脊敞口釜中有种夹砂灰陶肩脊釜，肩腹界限不明显，呈圆鼓腹，极像敞口鼓腹釜，数量较多。

三期：口沿较宽，内沿微凹，外沿有圈似棱的弱脊，上腹饰弦纹或斜线纹。

四期：器形与三期基本相同，数量上比三期增加，腹的最大径在中部、圆鼓。

筒形釜的主要特征是体呈筒形，圜底近平。不同阶段的变化表现在筒身上的脊。

一期：侈口，筒身略内弧，腹略深。

二期：侈口，筒身较粗，一条齿状凸脊把筒身分成上下二节，下节微内弧，圜底近平。

三期：喇叭口，筒身瘦长，微内弧，上下分别饰一条齿状凸脊。

四期：侈口，外口沿饰圈凸脊，筒身微内弧。

盘口釜的主要特点在口部的变化。

一期：夹炭黑陶，盘口较深，口径大于器高，腹部也深，器壁厚重，装饰繁褥，器形硕大。

二期：夹砂灰陶，盘口较一期浅，口径大于器高，器壁薄，除外口沿及腹部各饰一圈凸脊外，器表光洁。

三期：夹砂灰陶，盘口比二期浅，斜肩较宽。

四期：夹炭红衣陶，小盘口，颈细而短，腹部分扁鼓腹和折腹，广圆肩及斜肩上装饰繁褥。

豆，始终分盘形和钵形豆盘两路发展。

一期：夹炭黑陶，盘形豆盘外折沿，瓦棱形圈足，器形较小；钵形豆盘敛口，斜腹，矮圈足，器形亦小。

二期：夹炭灰陶，盘形豆盘宽弧沿并饰贝齿纹，倒置敞口釜圈足并饰贝齿纹；钵形豆盘弧敛口，弧腹，倒置敞口釜圈足并饰贝齿纹、器形较大。

三期：泥质红陶，盘形豆盘宽弧沿并饰形状不一的窝纹，喇叭形圈足并饰镂孔；钵形豆盘为泥质灰陶，敛口，弧腹，喇叭形高圈足并饰镂孔。器形适中。

四期：泥质灰陶，盘形豆盘窄沿，浅腹，矮圈足并饰镂孔；钵形豆盘为泥质红灰陶，敛口，斜腹，高圈足饰繁褥的镂孔。

盉的主要特点是嘴与捉手成 90 度夹角。

一期：夹炭黑陶，罐形，管状嘴两侧安半环形器耳。

二期：夹炭灰陶，罐形，只见罐状嘴，不见完整器。

三期：侈口翻沿，束径，半环形耳，管状嘴较一、二期长些，但口径较小。

四期：不见完整器，根据出土的管状嘴，结合其他同时代遗址的盉，推测此期的盉也是罐形盉。

釜支架的主要特征及其变化在圆柱体顶端的斜状支物面上。

一期：夹炭灰陶，圆舌形支物面，倒置呈靴形。器表多素面，实心体。

二期：夹砂灰陶，钝圆形支物面，倒置呈靴形。实心体。

三期：夹砂灰陶，猪嘴形支物面，器表多有装饰。空心体。

四期：夹砂灰陶，鸟首形支物面，器表饰捺印指纹。实心体，底似倒置臼状圈足。

上述所列举的陶器在河姆渡文化发展进程中，其形态每到一定阶段后会发生变化。但变化中总是有较强的传统力量维系其内在的延续使之自成一系，直至被良渚文化所取代。

河姆渡文化陶器的变化序列告诉我们，以河姆渡遗址命名的河姆渡文化是一个文化的统一体。这些具有变化序列的器物都可以在河姆渡文化自身找到其最初形态，而在其他文化中却不见它们的踪迹。这就足以证明这些遗物是自身发生的，是本文化的因素。除此而外，河姆渡文化还有许多传统文化因素贯穿文化发展的全过程。譬如生产工具中的弧背形石锛、骨耜、木耜、石纺轮及陶纺轮等，其形制在以后较长时期的发展中没有发生多大变化。还有陶器上的绳纹，重圈纹、附加堆纹，夹炭陶，陶灶，模拟生活用品的小陶器及蝶（鸟）形器为代表的原始雕塑艺术等，他们的样子基本上也没有太大的改变。即使是装饰物，如佩饰也一直沿用美石制作的玦、璜、管、珠来装饰自身。在遗迹方面，河姆渡人都居住在以柱梁为骨架的木构建筑房屋中，使用圆形和椭圆形灰坑，死后都遵循头东脚西面向北的埋葬习俗。

从以上分析可以看出，河姆渡文化分为四期。这是依据各期的器物群发生变化而进行划分的。根据主要几种器物发展演变的轨迹，可以说明河姆渡文化四期是连续发展的，其间虽然有些器物的发展轨迹似乎不十分紧密，但这仅仅是反映了同一文化在时间上的衔接有的地方尚存空白，并不表示这一文化发生了质的变化或被其他文化所取代。因此典型的河姆渡遗址应代表着一个考古学文化，当是一个文化的整体，将其划分为四期，可视为同一考古学文化的不同发展阶段。

囿于地下考古资料，目前我们只能将河姆渡文化分为四期，待将来某一天材料更丰富、资料更齐全时，河姆渡文化分期将会更科学。

通过分布在宁绍平原上已发掘的河姆渡文化遗址各相应层位与河姆渡遗址各相应期别的横向比较，我们可以知道，河姆渡文化遗址各相应层位的文化内涵都可以在河姆渡遗址的四期文化中找到相对应的期别。因此，河姆渡遗址四期文化即是河姆渡文化的分期标尺这一观点可以成立。

　　既然河姆渡遗址分期可以成为河姆渡文化的分期标尺，则河姆渡遗址的碳十四年代，与慈湖、鲻山、鲞架山等遗址的碳十四年代就可以结合在一起，进行河姆渡文化分期的年代研究。年代数据越多，河姆渡文化各期的年代就会越精确，这又可对河姆渡文化典型遗址的分期年代进行检验。

　　现将中国社会科学院考古研究所和北京大学考古文博学院碳十四实验室所做的河姆渡文化有关遗址的碳十四年代数据抄列如下（表四）：

表四　　　　**河姆渡文化碳十四年代数据表**

遗址名称：河姆渡遗址			
实验室编号	测定年代（按5730年代）	树轮校正年代	
		（按达曼表）	（按高精度）
BK75057 T16（4）木头	6310±100	6955±130	BC5230—4908
BK75058＃1 木头	5050±100	5660±125	BC3790—3548
BK78101 T211（4）木头	6060±100	6715±125	BC4931—4685
BK78102 T211（4）小圆木	6040±100	6700±125	BC4898—4621
BK78103 T211（4）树枝草等	5910±90	6570±120	BC4726—4494
BK78104 T211（4）树枝橡子等	6310±170	6945±190	BC5240—4849
BK78105 T212（3）木头	5560±80	6215±125	BC4348—4154
BK78106 T212（3）木头	5610±80	6265±190	BC4361—4237
BK78109 T212（4）堆积物	6260±200	6905±220	BC5240—4780
BK78110 T213（3）木头	5310±90	5950±115	BC4039—3820
BK78111 T225 11 号柱	6050±100	6705±125	BC4900—4680
BK78113 T225 10 号柱	5610±80	6265±190	BC4361—4237

遗址名称：河姆渡遗址			
实验室编号	测定年代（按5730年代）	树轮校正年代	
		（按达曼表）	（按高精度）
BK78114 T232（4）稻谷壳	6240±100	6890±130	BC5203—4849
BK78115 T214 北道地龙骨	5940±85	6600±115	BC4776—4521
BK78116 T214 南道地龙骨	6200±85	6850±120	BC5056—4805
BK78117 T225 横板	5270±90	5905±115	BC4032—3790
BK78118 T232（2）木炭	5210±100	5840±125	BC3990—3710
BK78119 T211（3）木炭	6200±100	6850±130	BC5193—4793
PV—0025 T16（4）木头	5320±100	5960±125	BC4213—3820
PV—0047 T21（4）橡子壳	6260±130	6905±155	BC5220—4845
WB77—01 T16（4）横圆木	5975±100	6630±125	BC4790—4545
ZK—0263 T21（4）橡子壳	6065±120	6720±145	BC4935—4621
ZK—0263（2）4层陶片内炭	6085±100	6740±130	BC4936—4720
ZK—0587 T24（1）木板	4760±90	5330±130	BC3511—3199
ZK—0588♯1 圆木	5370±95	6015±135	BC4224—3971
ZK—0589 T30（3）横圆木	5365±90	6010±130	BC4221—3968
ZK—0590 T16（4）横圆木	6200±85	6850±120	BC5056—4805

遗址名称：慈湖遗址			
实验室编号	测定年代（按5730年代）	树轮校正年代	
		（按达曼表）	（按高精度）
ZK—2293 T2（1）木头	4790±85	5365±125	BC3602—3345
ZK—2294 T2（3）木头	4770±80	5340±120	BC3511—3343
ZK—2404 T502（2）木炭	5125±85	575±110	BC3941—3696

遗址名称：鲻山遗址		
实验室编号	测定年代（按5730年代）	树轮校正年代
		（按达曼表）	（按高精度）
BK99011 T1（9）下木桩		6100±60	BC4910
BK99012 T1（9）下18号柱		6061±80	BC4840
BK99013 T8（7）下14号柱		5850±80	BC4600
BK99014 T10（9）稻谷		5840±70	BC4600
BK99015 T12 57号柱		6510±85	BC5370
BK9916 T8（7）下15号柱		5600±80	BC4340
遗址名称：鲞架山遗址		
实验室编号	测定年代（按5730年代）	树轮校正年代
		（按达曼表）	（按高精度）
H13	5457±89		BC4245—3991
BT41（4）	5525±95		BC4355—4044
H11	4235±90		BC2874—2498
T43（2）	3990±130		BC2850—2314

根据表内数据归纳如下：

以分布河姆渡文化遗址为代表的浙江东北部宁绍平原是一个相对独立的河姆渡文化区。河姆渡第一、二期文化均具有浓郁的地域特色，特征鲜明，有较强的独立性和封闭性。其年代距今7000—6000年；第三、四期文化融入了浙北、苏南太湖地区的地域特色，出现了较多开放型的文化因素，但仍顽强地保持了河姆渡文化固有特色，其年代距今6000—5000年。河姆渡文化一至四期的年代距今7000—5000年。

4. 与周邻原始文化的关系

"河姆渡文化"是一个新石器时代考古学文化，分布于象山港以北的浙东北地区和舟山群岛一带，前后存在了二千年的时间。它具有鲜明的自身特征，有别于同时代的其他新石器时代文化。

但任何考古学文化也不是孤立地发展的，某一文化只要和其他文化发生一定的接触，就会相互影响，内部就会产生来自其他文化的因素。因此，我们一定要弄清不同阶段的河姆渡文化内涵究竟包括了哪些来自其他文化的因素，同哪些文化发生过关系，受到了多少影响，自身文化的传统因素是否占主体位置，是否被延续下来。这是观察一个考古学文化有无变异的关键问题。

当今对河姆渡文化的界定不同意见较多，争论的焦点集中在河姆渡第三期文化和第四期文化的属性上。其实河姆渡文化与马家浜文化早在它们形成之初文化面貌上某些文化因素就有其相似或者相同之处。刘军曾撰文认为河姆渡文化与马家浜文化是两兄弟，而且是同胞兄弟，有共同的渊源[10]。既然是亲兄弟，双方在形成阶段大约相同的时间内各自拥有雷同的肩脊敞口釜和敛口釜，肩部或敛口釜口沿均通过刻划、压印、戳印等手法制作装饰图案，腹部均拍印绳纹等因素，这些都是不足为怪的。即使没有这层关系，"因为创造不同文化的人们，尽管相互隔绝，但他们的思维方式、心理状态、审美观、价值观、经济生活等有可能相同或相似，由此导致的行为也相近，行为所创造的文化因素也有所雷同，但二者并不互相传播"[11]。但随着时间的推移，河姆渡先民与马家浜先民在各自的地域内开拓创新了富有特色的河姆渡文化（下称前者）与马家浜文化（下称后者）。原本两者都有的肩脊釜，前者逐步地把斜肩低脊釜改造成敞口鼓腹绳纹圜底釜，成为河姆渡文化主流炊器，保存了原有斜肩低脊拍印绳纹的特点；后者则创造性地把斜肩低脊改造成弧腹宽檐的素面腰檐釜，成为马家浜文化的主要炊器。因而河姆渡文化与马家浜文化远在早期阶段关系就非同一般，差别是明显的。到了河姆渡文化三期，两者之间接触频繁。河姆渡文化三期年代距今 6000—5500 年，而马家浜晚期年代有二个数据；一个是草鞋山 T203⑧木炭距今 6008±140 年；另一个是崧泽下层距今 5985±140 年。从这些年代数据可以看出河姆渡文化三期上限与马家浜文化晚期正处于相互重合阶段，因而河姆渡文化内部突然出现来自马家浜文化因素，也就出现了与马家浜文化晚期完全相似的器物，如陶器中的夹砂灰陶扁腹釜（原简报称 I 式罐）、腰檐釜、垂囊（鸟形）盉、双目式扁圆锥足釜形鼎、牛鼻形器耳及鸡冠形器錾等。这几种器物或部件，在河姆渡文化自身发展的轨道上找不出其发展脉络，证明了河姆渡文化三期曾受到来自马家浜文化的影响。但是，这种影响并无法动摇河姆渡文化的根基。《河姆渡——新石器时代遗址考古发掘报告》中指出，河姆渡自身文化的传统因素——夹砂灰陶敞口鼓腹绳纹圜底釜的数量遥遥领先于其他器类，在同期釜类中占 43.8%，仍是河姆渡文化三期的主流器物。而从马家浜文化传播过来的扁腹釜仅占 12.5%、腰檐釜只占 3.13%。炊器是人类生活中不可或缺的器物，在考古学文化的陶器组合中，往往占有相当大的比例。同时，炊器在研究、观察、区分不同考古学文化方面具有特殊的重要作用。河姆渡文化的敞口鼓腹绳纹圜底釜在河姆渡文化二千年的发展过程中有自身发展演变序列。这个序列的最初形态在河姆渡文化中可以找到，数量从少到多，地位也从次要位置上升到主要位置。很明显马家浜文化传播来的釜未能取代河姆渡文化的釜而占据"统治"地位。过去学者们一般都认为外红里黑的喇叭形圈足豆是马家浜文化传播河姆渡文化的器物，笔者认为迄今为止，在马家浜文化中找不到此种序列的最初形态，相反，在河姆渡文化中有其演变发展序列。还有一种管状嘴与捉手成垂直方向的罐式平底盉，在河姆渡文化中也有自身发展序列可寻，这也不是马家浜文化的传播过来的。另外，河姆渡文化的釜支架也具有鲜明的地方特色，有自身的发展演变序列。上述情况告诉我们，河姆渡文化与马家浜文化从形成之初就密切相关，当河姆渡文化发展到第三期时受到马家浜文化晚期的影响较多，河姆渡文化三期增添了一些来自于马家浜文化晚期的文化因素，但这种影响未能促使河姆渡文化三期的传统文化因素向马家浜文化晚期转变，因而不能简单地将河姆渡文化三期视同马家浜文化晚期。

　　同样的道理，河姆渡第四期文化与崧泽文化中晚期也不能只简单地对比，因为河姆渡第四期文化的年代（距今约5500—5300年）与崧泽文化（距今约5900—5300年）中晚期正好重合在一起，客观上河姆渡第四期与崧泽中晚期在器物特征上表现出更多的相似性或者雷同，这就容易使人产生"误判"。它们之间有诸多文化因素是相同的。例如：居住木结构地面建筑；墓葬不见墓坑，部分有木棺，葬式为仰身直肢，随葬品数量不多；石器磨制精致，器表光洁，穿孔技术不发达，多用管钻孔两面钻，少数孔也有琢成的；陶器都有夹炭陶和泥质陶，常见豆、罐、盆，豆多为泥质灰陶，豆把多分级，其上多饰圆形、方形、弧边三角形等镂孔，流行弦纹和附加堆纹，手制和轮修并用等等。

　　但它们也有不同之处。河姆渡第四期文化（下称前者）随葬品组合为釜、豆、罐；崧泽中晚期（下称后者）随葬品组合为鼎、豆、罐、壶、杯。前者佩饰为石制的玦、璜、管、珠；后者的佩饰为玉（石）制的镯、环、管、珠、坠等。在陶器方面，前者以夹砂灰陶为主，泥质灰陶和夹炭红衣陶为次；后者常见泥质灰陶，有少量泥质黑陶和夹砂红褐陶。前者流行绳纹；后者不见绳纹，常见彩绘。前者以釜和釜支架为主，敞口鼓腹绳纹圜底釜在釜类中占 62.5%，鼎以釜形鼎多见，盆、盘鼎少见；后者以鼎为主，不见釜支架，盆形鼎多见，釜形鼎少见。

从上述比较分析不难看出，河姆渡第四期文化与崧泽中晚期文化的主要区别仍然表现在河姆渡传统文化因素炊器方面的区别。尽管崧泽文化中晚期已有先进的鼎作为主要炊器，但是河姆渡文化第四期并没有因为鼎的出现而放弃对釜的使用，釜的功能没有丝毫减弱。相反即使出现了鼎，还要在鼎的腹部拍印绳纹，留下河姆渡文化特有的深深的印记，这也是河姆渡文化第四期不能等同于崧泽文化的最好证明。

5．河姆渡后续文化

对于如何看待河姆渡后续文化，学术界虽有不同的看法，但是河姆渡后续文化应归属良渚文化范畴。1993 年浙江省文物考古研究所发表的《宁波慈湖遗址发掘简报》已将宁绍平原上的良渚文化称之为良渚文化钱塘江南岸类型。

我们之所以把叠压在河姆渡第四期文化之上的地层视为良渚文化地层，主要是由于河姆渡第四期文化之上的地层发现了诸多良渚文化因素。在我们看来，这些文化因素通过与太湖周围的良渚文化因素比较，不仅没有多大差异，相反却有惊人的相似性和一致性。

（1）生产工具的比较

良渚文化常见的生产工具主要是用石质材料制作而成。通体精磨两面平直的长条形锛、分段偏高的有段锛、扁平穿孔的平刃斧、长条形凿、柳叶形镞、镰、等腰的三角形犁、耘田器、三角形斜柄石刀及长方形刀等是良渚文化常见的几种石器。其中耘田器、三角形斜柄石刀、有段锛和柳叶形镞等是最具特色的生产工具。河姆渡后续文化中的生产工具也以石质材料制成。如慈湖遗址上层常见柳叶形镞、穿孔斧、有段锛。另外，还采集到等腰三角形犁、三角形斜柄刀和耘田器。名山后遗址第七层以上地层也发现柳叶形镞、有段锛、等腰三角形犁和耘田器。塔山遗址中层也见柳叶形镞、有段锛、三角形斜柄石刀、双孔石刀和耘田器。再如绍兴的马鞍遗址、余姚的杨枝峁遗址也发现柳叶形镞、有段锛等。在舟山群岛孙家山遗址第二地点采集到有段锛、三角形斜柄石刀、柳叶形镞、耘田器。唐家墩遗址试掘时也发现有段锛、柳叶形镞等。上述遗址发现的这些石器，其用料和器形都与良渚文化的石器相一致。

（2）生活用具的陶器比较

良渚文化陶器普遍采用轮制技术，常见夹砂红陶，泥质灰陶和泥质灰胎黑皮陶器物。器表多经打磨，常见器类有鼎、豆、壶、罐、尊、杯、簋、盆、盘及鬶等。典型器主要有鱼鳍形足釜形鼎、T字形足盆形鼎、竹节形把豆、双鼻壶、唇内卷的圈足盘、阔把翘流盉、阔把杯、三鼻簋及锥刺纹罐等。在鼎的足部多饰直条纹，在豆把上和壶的颈部饰镂孔纹和弦纹，在盉、杯把手上多饰辫索纹。除此而外，鼎、豆、壶器表常见细刻鸟纹与盘曲的"鸟头蛇身"纹。河姆渡后续文化的陶器也多系轮制，陶系也以夹砂红陶、泥质灰陶为主，还有泥质黑皮陶，常见器类也是鼎、豆、罐、壶、盆、盘、杯、大口缸及鬶等。如塔山遗址中层陶器以夹砂和夹介壳末的红陶为主，泥质灰陶和泥质黑衣陶次之，器种有鱼鳍形足釜形鼎、T字形足盆形鼎、竹节形把豆、双鼻壶、宽把杯及圈足盘簋（M29:3）等。名山后遗址第七层以上陶器以夹砂红陶为主，泥质灰陶和黑衣陶次之。器种有鱼鳍形足和T字形足鼎、锥刺纹罐、双鼻壶、竹节形把豆、阔把壶（杯）和圈足簋（H23:2）等。纹饰方面T字形鼎足上常见半月形与圆形组合的镂孔纹。黑衣陶口沿片上细刻鸟纹与盘曲的"鸟头蛇身"纹，似良渚文化中期偏晚的陶器特征。慈湖遗址上层陶器以泥质黑衣陶、夹砂灰陶为主，有少量夹砂红陶和泥质灰陶。常见鱼鳍形足鼎，T字形足鼎少见。多见宽高把和喇叭形把豆、锥刺纹罐、盘、双鼻壶等。豆把多饰圆形、三角形组合镂孔纹，偶尔可见辫索纹。盘的口沿镂刻圆形三角形组合的变形鱼纹。从这些陶器形和纹饰特征看接近良渚文化早中期。再如绍兴马鞍遗址的陶器以夹砂红陶、泥质灰陶和泥质黑衣陶为主，器种有鼎、甗、鬶、罐、豆、盆、盘、壶、杯及瓮等，常见T字形足鼎、鱼鳍形足鼎，豆、圈足盆（盘）。纹饰除镂孔和附加堆纹外，均为素面。杨岐岙遗址陶器也有鱼鳍形足鼎、竹节形把豆及菱形纹大口缸等。

从上述遗址出土陶器的陶系、器种、形态和纹饰都与良渚文化对应的器种相似或相同。这为河姆渡后续文化的归属提供了重要依据。

（3）墓葬制度的比较

现有的良渚文化墓葬发掘资料极为丰富，有大墓和小墓。但河姆渡后续文化分布范围内至今未有大墓发现，只见小墓。奉化名山后第七层下的墓葬系长方形浅坑墓，葬式为仰身直肢，随葬品不多，主要有釜、豆、罐。这与海宁千金角、徐步桥、盛家埭，平湖平丘墩，嘉兴雀幕桥、双桥，德清辉山，余杭庙前等遗址发掘的良渚文化小型墓葬多见长方形竖穴土坑，单人仰身直肢葬，随葬品不多的情况也非常相似。

（4）祭祀和宗教信仰的比较

良渚文化的祭祀遗址凡大墓发现的地方几乎都有，在余杭的反山、瑶山、汇观山、昆山的赵陵山以及上海的福泉山等地都有发现。遗址都是人工营建的达几千平方米或几万平方米的"土筑金字塔"，或曰高土台。如福泉山良渚文化"祭坛南北长7.3米，东西最宽处5.2米，作阶梯形，自北而南，自下而上共有三级台面，每级升高约0.34—0.44米，各台面中间平整，周围散乱的堆积许多土块，土块系任意切割而成，形状不规则"[12]。再如汇观山祭坛"整体呈方形覆斗状，坛顶主体平面呈'回'字形三重土色。这种追求平面形式的祭坛，在良渚文化祭祀址中，已成为一种较为固定的格式，并且也应该是一种较为普遍和重要的格式。这种格式应与某种特定的祭祀内涵相对应"[13]。河姆渡后续文化时期也曾发现过一座土台，这就是名山后遗址第七层下由人工用棕黄色砂土和黄褐色黏土分层夯筑而成的方形覆斗状土台。土台边长约40米，残高1.8米，土台北边有深沟围绕。土台底部平整，普遍有一层厚0.5厘米的灰烬，推测筑土台前曾举行过与火烧有关的仪式（按：可能是燎祭）[14]。

两地的土台都是人工堆筑而成，都有平台、围沟和墓葬，都有祭祀功能。但名山后遗址土台上的墓葬不属大墓。前述河姆渡后续文化尚未发现出玉琮、璧、钺等重器的大墓，一种可能是这里本来就没有大墓；另一种可能是还不到时候；第三种可能是因某种特殊原因大墓被毁。

　　囿于考古资料目前仅能作上述几个方面的比较，通过这些比较我们认为河姆渡后续文化与太湖周围的良渚文化具有很大的一致性。当然我们也认识到河姆渡后续文化墓葬中未发现陪葬有玉制重礼器的大墓。正因为这点，我们才提出良渚文化钱江南岸类型或者其他类型的概念，把这种差异区别开来。

（二）河姆渡文化的多学科研究

　　河姆渡文化研究过程中，曾先后三次召开学术研讨会。这对深入研究河姆渡文化无疑起到了积极的推动作用。

　　第一次是 1976 年 4 月 5 日至 12 日在杭州召开的"河姆渡遗址第一期发掘工作座谈会"。参加座谈会的有来自全国文物考古、历史、农史、古动物、植物、地质、水文及古建筑等学科的专家学者共三十多人。大家一致认为，河姆渡遗址的发现表明黄河流域与长江流域同是中华民族古老文化的摇篮；确立了一个崭新的考古学文化——"河姆渡文化"；可为稻作农业等多学科研究提供有价值的重要实物资料。

　　第二次是 1994 年 4 月 22 日至 26 日在余姚召开的"河姆渡文化国际学术讨论会"。出席这次会议的代表有来自日本和我国国内的一些知名专家、学者共六十余人。大家就河姆渡文化的界定、分期与年代、分布范围、内涵特征，与毗邻原始文化的关系以及稻作的起源、分化和传播、稻谷的鉴定、野生稻的发现、稻米的东传等方面热烈发言。学者们还就全新世时期河姆渡地区古植被古气候，河姆渡文化发现的重要意义与其在中华远古文化中的地位和作用，以及原始艺术品所体现的精神内涵等诸多方面进行了讨论，在许多方面取得了共识。

1999 年 10 月 15 日至 17 日在宁波召开的"海峡两岸河姆渡文化学术研讨会"，共有海峡两岸专家、学者五十四人与会。讨论会围绕河姆渡遗址发现的遗迹和遗物，展开了广泛的讨论，特别是对河姆渡遗址出土的石器、原始艺术、稻作农业、聚落形态、植物遗存、河姆渡文化分期、与其他原始文化的关系、与海洋文化的关系以及其他与之相关重大学术课题的探索等方面作了颇有建树的发言。

三十年来河姆渡文化研究得到多方支持，许多专家、教授、学者和文物爱好者写出大量论文及专著。主要有梅福根、吴玉贤著《七千年前的奇迹——河姆渡遗址》，劳伯敏著《河姆渡访古》（金钥匙丛书），魏丰、吴维棠、张明华、韩德芬著《浙江余姚河姆渡新石器时代遗址动物群》，林华东著《河姆渡文化初探》（浙江文化丛书），刘军、姚仲源著《中国河姆渡文化》，陈忠来著《河姆渡文化探原》，邵九华著《河姆渡——中华远古文化之光》，浙江省文物局、浙江省文物考古研究所、河姆渡遗址博物馆编《河姆渡文化研究》，王慕民、管敏义主编《河姆渡文化新论——海峡两岸河姆渡文化学术研讨会论文集》，周新华著《稻米部族》，河姆渡遗址博物馆编《河姆渡文化精华》，浙江省文物考古研究所著《河姆渡——新石器时代遗址考古发掘报告》等。此外还有二百多篇论文。

现就这些成果所论及的相关内容大致归纳如下：

1. 考古学文化研究

（1）关于河姆渡文化的界定

河姆渡遗址发掘之后，在 1974 年冬，浙江考古工作者携带了三百多件最具代表性的河姆渡遗址出土文物赴京向国家文物局作汇报展出，吸引了首都文物、考古、博物馆界的大批知名专家、教授、学者前来参观指导。他们看过之后普遍认为："一是年代早，二是文化面貌新，三是价值大。一致肯定这是我国新石器时代考古的重大突破。"[15]1976 年 4 月下旬在杭州召开的"河姆渡遗址第一期发掘工作座谈会"上许多同志认为，河姆渡遗址第三、四文化层是考古学上的新发现，可将其定名为"河姆渡文化"[16]。夏鼐在《考古》1977 年第 4 期《碳－14 测定年代和中国史前考古学》一文中肯定了"河姆渡文化"命名。1978 年第 1 期《考古学报》发表了《河姆渡遗址第一期发掘报告》，《报告》在"小结"中指出："河姆渡遗址有四个相继叠压的文化堆积，在文化面貌上，第三、四文化层有别于我省以前发现的任何新石器时代文化遗存，是个完全新颖的文化类型，因此我们暂将其命名为'河姆渡文化'。……第三、四文化层和第一、二文化层之间，能找出一些内在的联系和继承发展的关系，但两者之间区别较大，似乎其间有某种缺环。……第二文化层的时代和文化面貌相当于嘉兴马家浜和吴兴邱城下层，第一文化层相当于吴兴邱城中层和崧泽中层墓地。"

河姆渡遗址经过 1977 年的第二次发掘之后，增添了许多新器形，丰富了河姆渡遗址各期文化内涵，它们之间的发展脉络较第一次河姆渡遗址发掘之后看得更清楚，"四个文化层的器物其共性较多，有它的统一风格，但在某些器物又存在着一定的差异，而这种差异正说明了事物的发展和进步。因此，河姆渡遗址的四个文化层具有紧密地相互衔接关系，四个文化层当是河姆渡的四期文化，它们是一脉相承的"[17]。

1979 年牟永抗在参加中国考古学会第一次年会时曾撰文

对《河姆渡遗址第一期发掘报告》的"小结"提出了质疑，认为"目前似乎不宜将河姆渡文化的晚期阶段，简单地并入马家浜文化，很可能两者是既有互相影响，又有一定区别的两支原始文化"[18]。姚仲源在出席 1980 年中国考古学会第二次年会时撰写的《二论马家浜文化》中写道："马家浜文化与河姆渡文化是两支不同的原始文化。……在缓慢的发展进程中，终于创造、形成了各有明显特征的文化，构成了源远流长的各自文化的发展序列。……但是，由于马家浜文化与河姆渡文化仅仅是一水之隔的近邻，尽管有着自然条件的障碍，彼此间毕竟还是有可能互相交往、互相影响、取长补短的，因之也存在着不少共性。"[19]刘军在向 1981 年中国考古学会第三次年会提交的论文中再一次重申了自己的观点。他认为："河姆渡遗址一、二、三、四文化层应是一个文化的整体。"[20]1984 年由中国社会科学院考古研究所编著的《新中国的考古发现和研究》一书中谈到河姆渡文化与马家浜文化关系时，认为这些属探索性的问题，都需再作研究。但是，他们在叙述河姆渡文化和马家浜文化时，则作为两支并列的原始文化来分别叙述。1988 年张之恒著的《中国新石器时代文化》一书中认为："宁绍平原的新石器时代文化属河姆渡文化系统。河姆渡文化晚期和马家浜文化晚期，其文化因素逐渐趋向融合。该地区继河姆渡文化发展起来的是一种带有良渚文化因素的新石器晚期文化。"1989 年由陕西省考古研究所编辑的《史前研究》（辑刊）首篇由编辑部撰写的《蓬勃发展的中国史前学研究——纪念新中国建立四十周年》一文中，说到河姆渡文化与马家浜文化时他们也采用了中国社会科学院考古研究所的叙述方法。1989 年由田昌五、石兴邦主编的《中国原始文化论集——纪念尹达八十诞辰》中有曾骐、蒋乐平撰写的《长江下游新石器时代文化的考古学编年》一文，此文也认为："河姆渡遗址发现于1973年，共分四个文化层，先后进行过两次发掘，四个文化层有明显的承袭关系，应属于同一文化的四个期。这一文化可称为河姆渡文化。"牟永抗在出席1981年中国考古学会第三次年会时提交的论文中写道："河姆渡遗址四个地层可以统一地称为河姆渡文化。为了便于归纳各层特点和代表性器物群，也不妨称为河姆渡的四期文化。"[21]他在这篇文章中同时也肯定了马家浜文化与河姆渡文化应当是钱塘江南北两支并列发展的原始文化这观点。在总结浙江文物考古工作三十年来所取得的成绩时，也曾有这么一段话："河姆渡四个地层之间，前后的因袭关系很清楚，一些基本的文化特征贯串四层的始终……应该单独地命名为河姆渡文化。"[22]林士民在1990年江苏省张家港召开的"中国滨海地区古文化学术讨论会"上发表的《宁波沿海地区原始文化初探》一文中，也认为河姆渡文化应包括典型遗址的四个文化层，即第一至第四期文化。1993年苏秉琦先生在为刘军、姚仲源著的《中国河姆渡文化》赐序时指出，对于河姆渡遗址上下两大层（指第三、四层和第一、二层）的分期问题，我倾向区别对待，但决不可忽视两者间的传承关系。因此，认为把上述两层直称马家浜、崧泽是不够准确的。1996年吴汝祚也认为："河姆渡文化和马家浜文化是长江下游地区的两支灿烂的考古学文化。"[23]王海明在《东南文化》2000年第7期上发表了《河姆渡遗址与河姆渡文化》一文。他对《河姆渡遗址第二期发掘的主要收获》结论意见表示赞同外，还认为这是认识上的"一个重大飞跃"。

但是，对于河姆渡文化的认识，学术界也存在不少分歧，

一部分专家、教授、学者认为只有河姆渡遗址第三、四层可称
"河姆渡文化"，对河姆渡遗址各层统称"河姆渡文化"持否定
态度。他们坚持认为马家浜文化来源于河姆渡（下层）文化，
承继马家浜文化的是良渚文化。夏鼐指出："河姆渡下层文化
是前所未见的，可依原简报称之为'河姆渡文化'。……河姆
渡上层文化遗存，其文化性质是和吴兴邱城（下层）、吴县草
鞋山（下层）、青浦崧泽（下层）和常州圩墩等四处的，都很
相似。可以归属于同一文化。"[24]严文明指出："长江下游也是
一个文化区，那里较早有河姆渡文化，其后有马家浜文化和良
渚文化，这些都应是古越族的史前文化。"[25]安志敏认为："河
姆渡遗址的第一、二两层不宜归入河姆渡文化，当与马家浜文
化或良渚文化有着更密切的联系。"[26]汪济英认为："马家浜和
河姆渡两种文化在长期的激荡交融之中成就的共性，是最终形
成良渚文化的基础。发展的序列应当是：罗家角下部地层＋河
姆渡下层→马家浜→崧泽→良渚。"[27]吴玉贤认为："第三、四
层同第一、二层之间不是简单的数字上的递减所表现出来的量
的变化，而是内容、风格、形式等方面所显示出的质的变
化。"[28]林华东等认为："以前将河姆渡遗址第三、四文化层为
代表的内涵，确立为'河姆渡文化'是完全正确的，而该遗址
的第二和第一文化层内涵，宜分别称为马家浜文化和崧泽文化
的宁绍类型。"[29]

　　综上所述，学者们对河姆渡遗址内涵的认识存在着不同的
看法，导致了对河姆渡文化界定上的分歧，这是需要考古界继
续认真探索的一个重大学术问题。

　　（2）关于河姆渡文化的分期与年代

　　20世纪80年代初开始，河姆渡遗址第二次发掘《简报》

中首次提出了河姆渡遗址四个文化层当是河姆渡四期文化的观点。此后，凡持河姆渡文化自成序列的专家、学者普遍认同河姆渡四期文化说。有的把河姆渡遗址第三、四层称之为"早期"，第一、二层称之为"晚期"。进入 90 年代末，王海明根据宁绍平原上已发掘过河姆渡文化遗址的地层叠压关系及陶器的类型来进行梳理、排比归纳。他结合碳十四测年认为，河姆渡遗址并没有包括河姆渡文化发展的各个阶段，河姆渡遗址所含的河姆渡文化遗存的时间跨度并不代表河姆渡文化发展的全过程。他还将四期说加以充实修订，提出了河姆渡文化的"四期八段"论。他认为这个提法使各期段之间联系更紧密，发展脉络更清晰，年代更精确[30]。相信随着河姆渡文化遗址的不断发掘，河姆渡文化内涵的不断充实完善，河姆渡文化分期将会更合理、更科学。

河姆渡文化的年代，碳十四测年已有二十七个数据。人们从未对它产生过怀疑。但是到了 20 世纪 90 年代，跨湖桥遗址的碳十四年代公诸于世后，觉得年代与陶器所反映的工艺水平不甚合拍。此事引起了人们对碳十四测年的猜疑。很多人觉得河姆渡遗址的碳十四测年与跨湖桥遗址的碳十四测年相比似偏晚了许多。黄宣佩撰文认为河姆渡遗址各层的碳十四测年大多偏晚，特别是河姆渡遗址第四层的年代偏晚更甚。他用河姆渡遗址第四层出土器物、动物群与植物孢粉及碳十四测年与罗家角遗址第四层、江西省万年仙人洞遗址、湖南省澧县彭头山遗址和河南省新郑裴李岗遗址作详细比较之后认为，河姆渡遗址第四层的年代应早于距今 6955 ± 130 年，可能处于距今 7800—7100 年阶段[31]。黄渭金以河姆渡遗址已测定公布的碳十四测年为依据，结合各文化层与周邻相对应的原始文化的关

系进行比较分析。他认为河姆渡遗址第四层年代距今约
7000—6500 年；第三文化层年代距今约 6500—6000 年；第二
文化层年代距今约 6000—5700 年；第一文化层年代距今约
5700—5300 年[32]。

（3）关于河姆渡文化的渊源、去向及其兴衰

对这个问题学术界进行探讨的不多，可能是囿于资料的原
因。自三十年前发现河姆渡遗址后，在宁绍平原上就没有发现
比河姆渡更早的遗址。20 世纪 90 年代初在萧山发现的跨湖桥
遗址，其碳十四测年比河姆渡遗址早了一千多年，但从文化面
貌看它们之间似乎关系不甚密切，看不出它们之间存在直接的
承继关系。资料的缺乏是客观存在的，目前人们从认识论上感
到探索此问题的重要性和必要性，同时给予了高度重视。

石兴邦指出："河姆渡文化是发展阶段中的氏族部落文化，
是相当成熟的稻作农业经济模式，这样一个典型的文化丛体，
不论它存在多长时间，现在看来它还是孑然一身，与它相邻的
诸文化及其特征，比较之下，尚难完全衔接起来，可以说前无
古人，后无来者，……所以河姆渡文化的研究任务之一是溯源
追流。"紧接着他又指出："追溯河姆渡文化的源头，有两个途
径：一个是陶器的祖源，二是农业起源。……追溯河姆渡文化
的陶器祖源，要以本地区所具有的自然条件和文化物中所利用
自然条件的程度和工艺技术所显示的迹象来作探索。……我们
的任务是追溯夹炭陶之前的始初阶段的粗厚而质朴的原始陶，
只要探索寻觅，问题是能够解决的"[33]。关于稻作农业起源问
题，他认为河姆渡文化系统当更有希望，因为它具有两个必备
条件——丰富的食物采集文化和丰富的稻作农业文化。栽培农
业之前，还有个"采集农业"阶段，现在关键的问题是如何去

寻找这个"采集农业"阶段的源头。石兴邦还指出："1. 附近的宁绍平原，再扩大到三角洲地带，对同样性质的文化遗存作深入的发掘和研究，不断地整合它们发展的序列，特别要多学科地分析研究发现物中之迹象和性质……。2.……以细石器为特征的高级采集经济，农业是从它的发展实现的。因此，在长江下游特别是宁绍平原及其附近作一深入地勘查，寻找细石器文化遗存，并对洞穴遗迹特加重视……"[34]。关于河姆渡文化的发展去向问题，石兴邦认为，它融合在马家浜文化之中，向附近海域和西南地区移徙。石兴邦后来在"海峡两岸河姆渡文化学术研讨会"上提出，以采猎经济为主的"三山文化"（按："三山"系指江苏省吴县在太湖中的天山、行山和小姑山）是河姆渡、马家浜文化的源头。再次重申了他以前的观点。王海明分析了宁绍平原及舟山群岛新石器时代晚期遗址早、中、晚阶段的分布规律后认为："河姆渡文化时空发展变化这一轨迹给我们探索河姆渡文化渊源问题一个十分有益的启示，我们应该按照上述轨迹去向追溯可觅，河姆渡文化早期活动范围山前地带、半山区、丘陵区应是河姆渡文化渊源所在。"[35]刘军认为"河姆渡先民"和"马家浜先民"可能出自同一祖源、同一血亲系统，使用同一陶器群，后来在发展过程中分化出河姆渡和马家浜两支原始文化，这是人们共同体发生了分化的结果[36]。

与此同时，也有些专家、学者对河姆渡文化兴衰原因进行了分析探讨。有的认为河姆渡文化兴于丰厚的自然食物资源，衰于自然食物资源的匮乏。刘军、蒋乐平如是说："在稳定而富足的生态环境的怀抱中，河姆渡文化诞生了！""气候的变化，对倚重于自然食物资源河姆渡文化来说，不啻是'釜底抽薪'。它开始衰落了！"[37]李小红也认为富足的生态环境诞生了河姆渡文化，正因为这样，"形成了河姆渡人对自然的特别依赖的文化机制，埋下其衰落的祸根。当河姆渡文化赖以存在的富饶生态发生变化时，便注定了它的衰落"[38]。邵九华、邵尧明、夏梦河认为，河姆渡文化消亡的原因与距今 5500—4500 年间姚江改道东流后水环境恶化有直接关系。他们在《河姆渡文化兴衰与水环境的变化》一文中说："杭州湾喇叭形地形形成后，河姆渡一带地表水排泄流程增加，而且潮位托顶时还会堵塞排水出口，当天文大潮和暴雨结合时，洪水就有可能淹没河姆渡遗址。……所以说水环境的恶化造成该文化的衰落。"并认为现今的姚江出现导致河姆渡文化在余姚平原的消失[39]。

河姆渡文化的渊源走向及其兴衰问题在河姆渡文化研究中是个薄弱环节，企望更多学者参与探索。

（4）关于良渚文化分布范围

随着宁绍平原上考古调查和发掘工作的开展，考古资料愈来愈丰富，河姆渡后续文化研究受到越来越多研究者的重视。在此之前考古界普遍认为钱塘江南岸的宁绍平原不存在良渚文化遗存。有些研究者视叠压于河姆渡第四期文化之上的地层为河姆渡第五期文化，视宁绍平原为良渚文化影响范围或叫涉及范围。也有研究者根据宁绍、舟山地区发掘过几个有明确地层叠压关系的，且出土有类似良渚文化遗物的地层称之为良渚文化遗存。近年来有不少研究者运用钱塘江南北两地丰富的资料，对太湖周围地域、宁绍平原及舟山群岛良渚文化时期的文化内涵进行了充分比较。他们认为，宁绍平原应是良渚文化分布范围。有的研究者则认为该地区相当于良渚文化晚期遗存，不能划入良渚文化范围，可视为良渚文化共同体……待同类遗存发现增多，可以另立一个新的考古学文化。有的研究者还认为，尽管河姆渡后续文化与良渚文化中的一些日常生活器皿表现出一定的相似之处，但在诸多重要特征及文化要素上仍然有较大的差异，因而良渚文化的势力范围不包含宁绍地区。这种后续文化可暂称之为"河姆渡文化名山后类型"，待考古资料更丰富时，可直称"名山后文化"等等。

持宁绍平原也属于良渚文化分布范围这一观点的研究者们，根据象山塔山遗址第六和第五层、慈湖遗址上层、奉化名山后遗址第七至第二层、宁波沙溪遗址、绍兴马鞍遗址、余姚杨岐岙遗址、定海孙家山遗址及唐家墩遗址等出土器物特征作了如下归纳：石器中有有段锛、柳叶形镞、三角形斜柄刀、耘田器、双孔刀和犁等，还有频频出现的玉锥形器。陶器以夹砂红陶、泥质灰陶及泥质黑衣陶为主。纹饰除见镂孔和附加堆纹外，还有鸟首蛇身盘曲纹，其余为素面。器形有鼎、豆、罐、壶、杯、盆、盘、缸、鬶及瓮等，常见鱼鳍形足鼎、T字形足鼎，竹节把豆，宽把杯，双鼻壶，菱形纹深腹锐圜底大口缸和大圈足盆（盘）等。在陶器的陶系、纹饰及器形特点等方面和良渚文化基本一致。黄宣佩认为："无论陶器的陶系纹饰与器种，石器的用料与器形，都与良渚文化一致，无疑这里已成为良渚文化的分布地带。"[40]汪济英认为："慈湖遗址的发现，表明了良渚文化上联河姆渡上层，下接"后良渚"的直接传承关系。在文物普查中，诸暨璜山乡水口山和嵊县普义乡黄山岗头等处也有鱼鳍形足陶鼎发现，看来良渚文化向南分布的范围有进一步扩大的可能。"[41]栾丰实认为："良渚文化的分布区以太湖流域为中心。向南到达浙江的宁绍平原和钱塘江下游一带，北界则在江苏的淮河沿岸，东至上海，西线目前还不清楚。"[42]安志敏指出："随着大规模考古工作开展，扩大了良渚文化的分布范围。它以太湖流域为中心，南限迄于浙南，其影响所及还远到赣南、粤北；北跨长江直达苏北；西起皖东，东到海滨，并远及舟山群岛，成为长江下游具有代表性的晚期新石器文化。"[43]

但是，有些学者认为宁绍平原上的河姆渡后续文化更多地植根于河姆渡文化，与良渚文化重要特征和要素方面有一定区别。因此，他们主张宁绍平原上河姆渡后续文化应另立新的文化。牟永抗认为："余姚前溪湖遗址上层，出台阶式有段锛和鱼鳍形鼎足，伴出的轮制黑皮陶和良渚文化还有一定区别。由此可知，在宁绍地区继河姆渡四期文化之后，似乎还存在着相当于良渚文化的第五期文化。"[44]朔知认为："浙东地区在良渚文化早、中期本土文化占据主导地位。所发现的良渚文化因素应视为文化交流传播的结果，仅是文化涵化的初始阶段。而在良渚文化晚期，各遗址的良渚文化因素均大大增加，甚至占据主导地位，但始终未见只有单一文化因素的遗存。而且也均未发现良渚文化的代表性的玉制礼器。虽然在时间、空间和遗址密集度方面均符合范围划分要求，但在文化同一性上也显不足，因而不能划入良渚文化范围。……可以另立一个新的考古文化。"[45]丁品认为："总体上看，河姆渡后续文化主体文化既植根于河姆渡文化，但因发展而在文化面貌上已有大的飞跃；与良渚文化关系甚密，但从文化总体上，特别是若干重要的特征和要素上比较，它又较难纳入良渚文化范畴。……暂称之为'河姆渡文化名山后类型'。"[46]

随着宁绍平原上的考古调查、发掘日益增多，发现河姆渡后续文化遗存也愈来愈丰富。如何看待这一文化内涵，引起了主张良渚文化越过钱塘江的学者们的关注。他们普遍认为可命为良渚文化××类型。《宁波慈湖遗址发掘简报》指出，慈湖遗址上层文化遗物从陶系到器型与太湖周围的良渚文化有不少相似之处，慈湖遗址以鼎、豆、壶为器物组合，这种差异，可能反映了地域差别，构成了良渚文化钱江南北两种类型[47]。刘军、王海明认为："与良渚文化横向比较结论不言自明，河姆渡后续文化和良渚文化除器物种类稍有参差，个别器形稍有差异外，两者的总体面貌是相同的、一致的。……因此，我们将分布于宁绍平原叠压于河姆渡文化之上的河姆渡后续文化命名为良渚文化名山后类型。"[48]林士民指出："河姆渡文化发展到距今 5100 年左右时，可以说文化内涵发展到一个新阶段，这个新阶段与河姆渡固有的文化相比已发生了质的变化，因此不能再归入河姆渡文化范畴，就得重新考虑它的命名。……根据新出现的文化内涵命名为钱塘江以南地区良渚文化的××类型为好，以有别于浙北太湖流域良渚文化。"[49]林华东认为，根据历年来的考古发现表明，该地区良渚文化遗址主要见于萧山、绍兴、上虞、余姚、宁波、奉化、象山等地，且具有明显的地方特色，或可称为良渚文化的钱塘江南岸类型[50]。

2．环境考古研究

河姆渡遗址的自然环境研究是河姆渡文化研究的课题之一。有不少专家学者在研究长江下游全新世或者新石器时代文化遗址的环境考古时，往往都会对河姆渡遗址周围环境进行考察研究。他们的研究方法与专门研究河姆渡遗址周围地区古地貌、古生态及古气候的专家们相一致，都是通过分析该遗址第一、二期文化出土的动物骨骸和植物遗存，结合孢粉分析资料，来揭示河姆渡先民的生存环境[51]。学者们普遍认为，河姆渡遗址生土层中含有广盐性有孔虫（毕克卷转虫 *Ammonia beccarii*），说明海水曾经光顾此地，在丈亭——二六市——河姆渡之间的三角地区有个大湖泊，浙江海面在距今七千五百年前从 -10 米处持续上升，到距今约七千年前海平面的位置已在 -4 米处。后来随着河流挟带泥沙的沉积作用，加之钱塘江喇叭口的逐步形成，以及四明山与慈南山地之间低山丘陵形成的涌潮对地貌的塑造作用，这些原因加快了河姆渡遗址出露成陆的速度。遗址周围的地理环境应是平原湖沼和丘陵山地交接地带，集中了山地、丘陵、平原、江湖、沼泽、海涂、森林、草地和草原疏林等各种地理景观，水草丛生，灌木成丛，与海岸有一定的距离。南面的四明山上，树木参天，森林郁郁葱葱，林中野果累累，狮吼虎啸，百鸟欢歌。北面平原河湖沼泽广布，鱼跃菱绿，稻谷飘香，呈现出一派生机勃勃、生意盎然的景象。当时的气候比今日更为温暖潮湿，属热带、南亚热带气候。年平均气温 19—20℃，较今日高出 3—4℃；最冷月平均气温 10—11℃，较今日高 6—7℃；≥10℃ 的活动积温约6500℃，较今日高 1400℃；年降水量约 1600—1800 毫米，较今多 300—500 毫米。也有人认为比现在多 800 毫米。暖冬是河姆渡古气候的特征之一。周子康、刘为纶、吴维棠对河姆渡地区温暖期古植被进行了重建，在花粉粒百分率订正的基础上，确定地带性自然植被群落的优势种和建群种。他们认为：第一，种子植物区系的地理分布，热带成分占 31.7%，其中热带亚洲成分具有相对优势。北温带植物区系对本地区影响较深，地带性植被组成以中亚热带和南亚热带地区成分为主，占总属数 73%；在乔木和灌木中没有典型的热带属或种。第二，群落优势种有薯树、苦槠、钩栲、青冈栎、赤皮椆、紫楠、枫香和细叶香桂等。第三，建群种薯树、钩栲和苦槠三者共存的现代分布区域属中亚热带南部地区，在现今植被分区系统中属于中亚热带绿阔叶林南部亚地带的浙南、闽中山丘栲类、细柄薯树林区。第四，蕨类植物多为南亚热带和热带成分，含有热带种。第五，地带性植被类型为亚热带常绿落叶阔叶混交林，群丛为栲＋薯＋青冈－山胡椒－水龙骨群落[52]。

　　河姆渡遗址历时近二千年，这期间地理环境和生态环境都在变化，最为明显的是距今 5680±180 年前，海面达到最大高度，全新世海侵最盛期浙江沿海岛屿共有二千七百多个，要比现今的岛屿总数多约六百三十个。显然，现在的杭州湾两岸平原在那时除了局部地段可能呈边滩（如河姆渡、鲻山、童家岙、田螺山等遗址）或沙岛（如马家浜、罗家角等遗址）的形态已经成陆外，绝大部分仍是汪洋一片，为海水所侵占[53]。因此，如余姚螯架山、奉化名山后和象山塔山等一批相当河姆渡第三、四期文化的遗址都分布在山坡地带。

3. 稻作农业研究

　　在人类发展史上，农业的出现具有划时代的意义。因为它逐步改变了人类群体过去那种完全依赖大自然恩赐的生活方式，变被动适应自然为主动改造自然，成为食物生产者，提高了人们的生存能力，促进了人类自身和文化的发展。这为后来文明社会的建立积累了财富，奠定了物质基础，被欧美考古学家称之为"新石器革命"或"农业革命"。因而探讨早期农业起源问题就显得特别必要，成为上古史研究中一个极为重要的课题。1973 年在河姆渡遗址的发掘中发现了大量栽培稻谷。这是我国当时发现的最早的栽培稻谷，引起了广大专家、学者的关注，特别得到农学家的重视。著名农史学家游修龄说：

"自从 20 世纪 70 年代浙江余姚河姆渡遗址发现以来，由于这个遗址的划时代意义，吸引了我，使我从原先研究《齐民要术》和其他农史课题转向了中国稻作的起源问题，从中国稻作起源很自然地扩大为亚洲栽培稻的起源，又不可避免地探索农业的起源问题，因为这些问题都是相互有牵连的。"[54]由于许多关心河姆渡遗址稻作农业的专家参与研究，写出的力作达四五十篇。在河姆渡遗址稻谷发现之后不久，游修龄对部分完整谷粒外形作了鉴定，认为河姆渡遗址出土稻谷属于栽培稻的籼亚种中晚稻型的水稻，其学名为 Oryza sativa L. subsp. hsien Ting[55]。1980 年 9 月周季维从河姆渡遗址第二次发掘出土的稻谷中挑选出三百零三粒。就粒形划分为籼二百二十六粒（占 74.59％）、粳六十六粒（占 21.78％）、中间类型十一粒（占 3.6％）。依谷粒长、宽和长宽比三项指标，判断其为籼、粳并存，以籼为主的杂合群体[56]。90 年代初汤圣祥、张文绪、刘军对河姆渡出土稻谷外释双峰乳突进行了扫描电镜观察，三粒河姆渡出土稻谷具有粒形似籼，而双峰乳突为从混沌态到稳定态不同演化状态的"钝型"特征。表明河姆渡出土稻谷系处在非籼非粳的"正在分化的"类型时期。这种"非籼非粳"是"正在分化的"古栽培稻的重要特征。因此用现代的籼粳概念去规范古栽培稻的属性似有不妥，值得商榷[57]。1994 年中日学者汤圣祥、佐藤洋一郎、俞为洁利用电子显微技术在河姆渡遗址出土的一百零五粒炭化稻谷中发现了四粒普通野生稻，其外形较瘦长，有长芒，芒上的小刚毛又长又密，小穗轴脱落斑痕小而光滑，显是自行脱落的痕迹，呈现出野生稻的特征[58]，给中国栽培稻起源于长江中下游说提供了有力的支持。

农学家们对河姆渡遗址出土稻谷进行了鉴定，一致认为其属于人工栽培稻谷。它的发现，推动了"稻作农业起源"和"稻谷的起源"研究的深入发展。前者探讨的是人类社会的生产活动，后者探讨的是物种的形成及演化。这两个问题早在河姆渡遗址的稻谷发现之前就讨论得非常热烈，世界的和中国的农史学界多数赞成"云贵高原说"，因为那里野生稻资源丰富。在河南渑池仰韶村发现稻谷遗存之后，提出"亚洲南部说"即"中国本土说"。丁颖在广东发现野生稻后，提出"华南说"。河姆渡遗址发现大量栽培稻谷和丰富的农业生产工具——骨耜等同时伴出，迎来了稻作农业起源研究又一个新高潮。严文明根据古地理学、古气候学和古民族学材料首先提出长江下游及其附近是我国栽培稻起源的一个重要中心，并以此为中心像波浪一样地逐级向周围扩展传播。很多学者持类似观点[59]。1986年安志敏在向英国南安普顿举行的世界考古大会提交的论文提要中指出，长江中下游可能是栽培稻的起源中心。这种学术观点也得到许多学者的支持[60]。石兴邦更具体地指出："河姆渡文化繁荣滋长的宁绍平原及其附近，与仰韶文化繁衍生息的渭水河谷的关中平原是稻、粟两大农作物诞生的摇篮。"[61]但刘志一认为河姆渡稻作农业是由洞庭湖地区东传实现的，不是独立起源的[62]。更多的学者根据河姆渡遗址出土大量的栽培稻谷、动植物遗存、孢粉分析材料和骨耜等农业生产工具的分析研究结果，认为河姆渡稻作农业应该叫做"耜耕农业"，并已进入"熟荒耕作制"阶段[63]。但汪宁生却认为河姆渡的农业应是一种刀耕火种的稻作农业，骨耜也非翻地农具[64]。张光直指出："公元前5000年以前的河姆渡马家浜文化都是种植稻米的农人，但也都是'富裕的食物采集文化'。"[65]黄渭金对河姆渡遗址博物馆馆藏的一百零一件骨耜加工及使用痕迹进行研究后认为，它们分别是耒、耜和平田器，基本耕作方法是踏耕和耜耕并存，而不是"刀耕火种"[66]。河姆渡出土稻谷经游修龄鉴定认为是籼稻，为了消除长期以来农学界流行中国的籼稻来源于印度的错误看法，他从考古发掘、文献记述、野生稻分布和历史语言学四方面论证了中国的栽培稻起源早于印度，并预言中国的稻作起源至少应有近万年的历史。最后指出长江流域与黄河流域一样，在孕育中国古代文明方面作出了巨大贡献[67]。在"河姆渡文化发现二十周年的国际学术讨论会"上，游修龄又指出，河姆渡野生稻谷的发现，给稻作农业起源于长江下游说增加了支持力度。近二十年来多学科学者环绕河姆渡稻谷展开讨论，已经把亚洲稻作的起源、分化和传播的研究推向了一个前所未有的高潮，创造了一个可以称之为"原始稻作学"的专门领域[68]。

4. 原始艺术研究

河姆渡出土物中有许多艺术品不仅形神兼备、生动逼真，而且传递了河姆渡先民某种讯息。学者们普遍认为河姆渡先民具有较强的审美意识，在制作诸如陶雕、骨雕、牙雕、木雕、石雕等线刻、圆雕艺术和陶塑等艺术品时注入了人的理性精神，使它们作为图腾标记和宗教信仰的载体，露出史前人类的某种宗教意识。

有的学者对河姆渡文化的原始艺术进行了全面、系统研究。朱馨萍把河姆渡先民刻划、绘制的图案分为三类：一是纺织纹类。以点、线组成的几何纹为代表。这是从充满着缝纫、纺织与渔业劳动生活的基础上所引起的抽象的、节奏的几何图案，通过艺术匠心，巧妙地布置到器物的适当部位，而起点缀作用。二是动植物自由纹类。图案所表现的对象基本上是写实的，无骨法构成随意刻划，具有原始豪迈的风格，初步涉及了图案的统一变化的法则，这是河姆渡动物纹的高级阶段。三是适合纹类。他列举了二个圆形适合的纺轮图案，其中一个刻有旋涡纹的纺轮，似流水在浪击中滚动，在礁石前急转。艺术的魅力在这里得到充分表现，以有限的"形"去表现无限的"神"，给人以广阔的联想天地。此纺轮的旋涡纹，刻划的是适合在圆形中的四个"S"，这是我国最早的原始"图案构成"。霍迦斯在《美的分析》一书中，推颂波状线是最美的线，河姆渡先民是发现和运用最美之波状线型的始祖[69]。吴玉贤从制作方法上把河姆渡的原始艺术分为划画（包括压、印、拍印）、牙雕和陶塑三类。又对原始艺术进行了分析，认为河姆渡第一、二层和第三、四层之间的艺术内容和风格比较接近，但它们之间既有不同之处，又有相同地方，说明这是个延续不断的一个文化整体[70]。康育义从美学的角度对河姆渡刻划、雕刻两类的原始艺术进行了探讨，认为刻划雕刻又可分象形和几何刻划两种。象形刻划又具有三方面的美学特征：一是以线条来体现物象，二是对称定型，三是构图意境深刻。几何刻划的美学特征具有简洁明快、装饰对称的特点。他还以此与中原的仰韶文化原始艺术进行了比较，探讨了中国绘画南北艺术风格差异之原因[71]。龚若栋认为河姆渡原始艺术是河姆渡文化的缩影，之所以这样说主要是因为艺术品所表现的对象已经包含了河姆渡文化的各个方面的内容。高水平的河姆渡艺术品的出现应归功于新石器革命的结果。从鸟形雕刻主要特征不变的现象观察，当时可能已经出现艺术专门人才。同时他又指出，河姆渡艺术是中国新石器时代艺术的先进代表[72]。梁大成从几何学角度发现河姆渡先民已经把统一与变化的形式原理应用于器物的造型和装饰图案的组合中，运用了实与虚、横与竖、平与斜、正与倒、直与曲、方与圆、高与低、包含与相离以及间隔与连续等对比方法创造了丰富与独特的几何图形。同时他们又注意几何图形的数形结合，并借助工具使其规则化。由此可见，河姆渡几何图形的出现，佐证了人类几何学源远流长[73]。陈炎依据河姆渡原始艺术构图意境归纳出四方面内容的作品：一是反映对赖以生存的物质追求和祈望生产丰收的作品。二是反映对大自然赞美的作品。三是反映图腾意识的作品。四是反映农耕生活的弦纹作品。河姆渡文化除刻划艺术外，还有手捏的陶塑动物，神态逼真、栩栩如生，表现出较高的艺术造诣。陈依元也有类似的看法[74]。李彤回顾了河姆渡原始艺术研究方面存在的一些不足之处，进而提出了深化河姆渡艺术研究的意见。在界定原始艺术定义的同时，认识到河姆渡原始艺术是实用和审美心态交织体的产物。随着生产力的发展，原始艺术的实用和审美也逐渐分离，河姆渡文化二千年的发展情况可得到证实。最后他认为河姆原始艺术风格具有五个方面特征：第一，重整体造型把握。第二，对特征部着重关注。第三，重运动形象描述。第四，形式美及其法则的普遍运用。第五，抽象几何形造型的广泛运用[75]。俞建伟认为河姆渡先民普遍存在原始审美意识，较好地运用了形式美的法则驾驭器物的结构造型。"双鸟朝阳"纹象牙雕刻是河姆渡先民具有审美意识的代表作[76]。周玮从美学角度审视，认为河姆渡文化艺术可归入表演艺术和造型艺术。他把骨哨作为表演艺术中音乐存在的物证，大胆推测河姆渡不仅有音乐，甚至还有舞蹈。造型艺术方面的骨、牙雕刻品、陶塑、抑或彩陶都偏重于写实的自然主义艺术风格，和河姆渡所处的母系氏族社会有内在的、本质的联系。他还通过非洲莱加人原始部族的民族学资料进行对比分析，认为河姆渡出土的双凤朝阳纹等雕刻艺术品、人首、动物陶塑和那些摹拟生活用具的小陶器可能都是用在宗教仪式中的器物[77]。徐定宝认为河姆渡出土雕刻及陶塑艺术品的最主要特点体现了审美特征上的动态和谐，从中又可领悟到所隐藏的丰富意蕴，足以形外见神，呈现最高意境的和谐[78]。黄颖琦认为，河姆渡陶器纹样从第四层到第一层具有统一风格和作风，是一脉相承的。其演变进程显示出河姆渡文化独树一帜的鲜明时代特征和地区特色。它真实地展现了六七千年前河姆渡地区的历史画卷。农业生产已进入到"耜耕"阶段，陶器纹样从简单的几何图案、直觉的写实图像逐步进入到写意图像时期。图像表意成分不断增长，早期象形文字已经出现。它揭示了河姆渡人所创造的文化不仅是长江流域新石器时代众多文化遗址中的突出典型，而且还是在当时中国甚至世界范围内社会经济文化占据领先地位的杰出代表[79]。董贻安认为，河姆渡先民用刻划、雕塑等原始艺术手段，创造了颇具区域特色的原始艺术。这些原始艺术品表现出三个层次的原始审美特征——写实性表现与对自然美的追求、线条的运用与对形式美的追求以及象征性表现与对意蕴美的追求[80]。

以上许多专家、学者对河姆渡文化原始艺术所作的分析研究，肯定了河姆渡原始艺术是河姆渡文化的重要组成部分，是我国艺术宝库中的重要财富。

与此同时，不少学者从图案的命名、艺术象征、宗教内涵与用途等方面对原始艺术进行了大量的考证和研究。特别是对"双鸟朝阳"纹象牙雕刻（《河姆渡遗址第二期发掘主要收获》中的命名）的研究者较多，其实这种象牙雕刻就是"蝶（鸟）

形器"上的纹饰，在《河姆渡——新石器时代遗址考古发掘报告》中改"蝶形器"为"蝶（鸟）形器"，下分"飞鸟"式和"立鸟"式。飞鸟式蝶（鸟）形器就是原报告称为"蝶形器"的器形。这种飞鸟式蝶（鸟）形器由多种不同质地的材料制成，正面磨制较精。特别是取材于象牙制作的飞鸟式蝶（鸟）形器，除用料讲究外，制作最精细，多刻划繁缛而神秘的图案。背面制作简单粗糙，正背两面均有穿洞。许多学者就飞鸟式蝶（鸟）形器的用途发表意见。王仁湘、袁靖用爱斯基摩人的翼形器和河姆渡飞鸟式蝶（鸟）形器进行比较后认为，河姆渡"蝶形器"与古代爱斯基摩人所用的翼形器作用相同。翼形器是镖枪上的尾饰，故蝶形器宜改为"定向器"似乎更贴切，因为它的主要作用是用来保证投枪飞行方向，使之准确地命中目标[81]。汪宁生认为，河姆渡出土的各种质料的飞鸟式鸟形器都是缚在投枪器上的附件。为了增强投枪器的效力，背面两道凸棱之间的凹槽即是置放投枪器杆的位置，周围之孔是用来缚扎的[82]。宋兆麟首先对河姆渡蝶形器释为定向器的观点提出质疑，认为蝶形器实为鸟形器。河姆渡文化鸟形器的背面有安装木柄的部位，正面光滑精致，有的还有纹饰。这是朝外一面，供人观赏。背面朝里放而粗糙，它与某些民族住宅的鸟图腾柱一样，也是当时在干栏式建筑顶部的一种具有一定宗教信仰的建筑装饰。之所以雕成鸟形，与他们信仰鸟图腾是分不开的。此外，还有一层意思是与图腾交感有关，目的是祈求人类的生育和农业的丰收[83]。黄渭金认为，河姆渡遗址出土的蝶形器是一种复合形器，其上阴刻的鸟纹与太阳纹图案是河姆渡先民太阳神崇拜的重要实物资料。他推测象牙蝶形器［飞鸟式蝶（鸟）形器］和石质蝶（鸟）形器是巫师与鬼神交往的必备信物和法器，不可能是图腾装饰物[84]。石兴邦在考察了河姆渡文化鸟纹图像后指出："这里值得注意的是鸟纹都是双双对对出现，且为同一形象，共同守护或围绕同一事物。究竟意味着什么，值得深思，也许是同一胞族中的两个女儿氏族在共同信念与共同生活条件下的写照。"邵望平认为，河姆渡遗址几件取材于鸟类的雕刻（双鸟朝阳纹牙质蝶形器，连体双鸟纹骨匕、立体鸟形牙质匕），画面设计精巧严谨，技法熟练，可能是权杖的柄部[85]。金文馨认为，河姆渡文化双鸟日纹图像恐怕不能简单地与金乌负日神话加以比附。他借助印第安文化以及遗留于这支文化西迁途径中的某些文化现象，来解释河姆渡第一期文化骨匕的两组连体双鸟日纹、第二期文化象牙蝶（鸟）形器的连体双鸟日纹和第四期文化豆盘内抽象的四鸟日纹图像。其中双鸟日纹图像的两鸟分列左右，似乎表示东、西两方，可能代表春分和秋分时太阳的运行方位；而四鸟日纹图像的四鸟表示分守东、西、南、北四方，象征太阳在二分二至时的运行方位[86]。叶树望借助我国丰富的古文献有关记载，对河姆渡第四期文化豆盘内刻划的四鸟日纹图像进行了仔细研究。他认为四鸟日纹图像是原始八卦的先声，是河姆渡先民原始历法的写实[87]。董楚平认为，双鸟日纹图像应该表述为"太阳与双鸟同体"。他还认为河姆渡文化时期尚属母系氏族社会阶段，祖先崇拜尚未盛行。河姆渡先民崇拜的仍然是自然神的代表——太阳神。太阳的地位是高于一切的[88]。王士伦认为双鸟日纹图像异首连体，中间饰太阳，可能表示鸟是空中神秘的动物，是介乎人天之间的神使，或者与鸟生的传说有关。连体意味着双鸟交感繁殖的观点[89]。陈忠来认为双鸟日纹图像的双鸟不是凤鸟，提出"双凤朝阳"象牙蝶形器应更名"双鸟异日"，并把它归纳为稻作文化的产物[90]。陈勤建认为，对鸟的崇敬与河姆渡原始水稻的萌生、稻种的发现有着密切的关系[91]。周庆基认为河姆渡飞鸟式鸟形器所刻的鸟纹是"凤"的祖型，当是河姆渡氏族或部落的族徽[92]。林华东认为河姆渡双鸟朝阳纹象牙蝶形器（飞鸟式鸟形器）应与宗教活动有关，是具有图腾崇拜意识的法器[93]。牟永抗主张飞鸟式鸟形器的功能"和良渚文化的玉质冠状饰相似。前者可能是后者的早期形态，它们都是某种崇拜偶像的冠冕"[94]。刘军认为，飞鸟式鸟形器双鸟日纹图像表明河姆渡先民祈求光明吉祥，祈求日出的想法，借以保佑他们农业和饲养业的丰收。这是河姆渡先民太阳神崇拜的最好实物见证[95]。蒋卫东通过对河姆渡遗址陶、木、骨及象牙雕刻器上单圈和多圈圆圈纹以及螺旋纹图案进行综合观察后，确认这些均为涡纹，并认为河姆渡遗址早期器物上有三种形态的涡纹。这些涡纹都是河姆渡先民生活实践中的对周围沼泽环境的描摹，而与太阳崇拜没有多大关系。这是先民对双体交感繁殖的感悟，是他们对生命和生育的一种原始崇拜。他还认为飞鸟式鸟形器是悬挂于建筑物上具有特殊宗教意义的装饰物[96]。唐德中、徐朔认为"双鸟朝阳"宜更名为"双鸟育阳"或"双鸟创世"。其含义恐怕是中华民族"和合"理念原始雏形的形象诠释[97]。

也有些学者对河姆渡第一期文化陶盆上的鱼藻纹和凤鸟纹提出了与原报告的不同看法。石兴邦指出，原称鱼藻纹图案可能是一组鸠鸟守护禾苗成长的图案。另一组凤鸟纹图像可能是两鸟注视供案上所放之盘。盘中盛放的东西，可视为祭祀丰收的成果。这两组图案与农业有关，也与图腾崇拜有关，可能为图腾祭祀或收获节的庆典，是社会经济形态与意识形态相联系的一种反映[98]。王大有认为陶盆上的两组图案均为"汤谷扶桑图"。第一组图抽象，第二组图是第一组图的简化[99]。毛昭晰指出，陶盆上有一组纹饰下部有两个重圈纹似两只眼睛。其上部有一个弧形双线，好像是人的头顶，头顶中央刻一似帽子状纹，两边各刻几道呈放射状的斜线，很像良渚文化玉器中的"神人兽面"纹的羽冠。陶盆上的"这组纹饰可能是一个简化了的羽人头像"。同时，他还指出，第二期文化中陶塑人头像的头顶上钻有横向排列的小孔。那些小孔是用来插羽毛的[100]。周新华根据古文献有关"鸟田"记载，结合河姆渡出土大量鸟类骨骼、再从河姆渡的古地理古气候等方面分析，认为鱼藻纹盆不妨称为"鸟田纹盆"。对另一组图案，他的解释是，在河姆渡文化时期，鸟崇拜实际上是一种农业崇拜。他还对这件刻划鸟稻禾纹的陶盆的用途进行了判断，认为可能是供某种特殊祭祀仪式（农业崇拜）之用[101]。黄渭金则认为"鱼藻纹"应称之为"鱼禾纹"。原因是两条鱼中间刻划着一些"藻类植物"，但从其形态看不像水藻倒很像未成熟的稻禾。其两侧图像外形酷似游鱼，而不是鸟纹。他立论的根据是古文献中累有"民食鱼稻"等记载，加之河姆渡遗址出土有巨量的鱼骨，再联想今日之低洼水稻田也不乏有鱼类存在的事实，所以推测湖沼环境下的河姆渡古稻田中更有可能鱼儿成群。另一组图案，他认为两个双重圆圈纹系兽目，羽冠状弓形和兽目连成整体，不难看出此图像似良渚文化玉器上的"神像"，故认为这是河姆渡先民所崇拜的"神"的形象。两侧刻划的图案似兽纹，表示神的使者或者祭神用的牺牲。此陶盆系河姆渡先民举行农业祭祀仪式的用品[102]。

也有不少学者对刻划在河姆渡第一期文化马鞍形陶块上的

五叶纹图案颇感兴趣，释者众多。牟永抗认为，五叶纹陶块可能就是一种陶质神冠——作为神的象征而被人们所供奉[103]。康育义从概率统计方法入手，根据五叶纹的外形特征，推测五叶纹是蒟蒻薯科或姜科植物，从而表明六七千年前的河姆渡先民已经开始人工栽培具有药用价值的花卉[104]。俞为洁考证后认为，"五叶纹"为百合科多年生阔叶常绿草本植物万年青，其学名为Bohdea japonica Roth，此物是当时河姆渡先民的祭祀用器[105]。刘志一同意俞女士"五叶纹"为"万年青"之说。但他补充说"万年青"之所以会成为河姆渡先民的栽培植物，其原因在于它具有药用价值，而不在于它的观赏价值[106]。吴诗池则认为，"五叶纹"整个画面好像表现一株人工种植的长势喜人的蔬菜[107]。黄渭金经认真观察河姆渡遗址几件刻划有叶纹图案的器物后认为，这些叶纹图案应是人工盆栽的水稻幼苗。结合大汶口、良渚出土器物上的植物纹样，再参照民族学有关资料认为，"五叶纹"陶块是河姆渡先民祭土仪式时用的祭祀用具。河姆渡先民在陶器上多次重复同一动、植物形象的目的是为了祭祀的需要，以祈求人寿年丰[108]。姚晓强在考察分析了河姆渡遗址出土的水稻方面有关资料和艺术形象后，认为"五叶纹"是稻穗纹的另一种表现形态，是稻穗孕育时的形象。至于方框，他认为表示一方泥土。扁窄形的方框示意田间干枯无水，水稻进入成熟收割期。禾苗纹中未见方框而刻划两条游鱼者，示意田间水满，禾苗处在生长期[109]。

少数学者对圆角长方陶钵上的猪纹也颇感兴趣。李纪贤认为这幅图描写的是家猪，既寄托了河姆渡先民美的理想，也反映了生产实践和社会生活与审美意识的密切关系[110]。俞为洁参照古代文献资料认为，在采猎经济时代，猪曾被誉为水畜、灵畜及知雨畜。为此推测河姆渡的长方陶钵上的猪纹图像和猪形陶塑，表达了河姆渡先民用于稻作祈雨巫术之目的[111]。袁靖认为河姆渡陶钵上猪纹系野猪图像，刻划在身上的双重圆圈纹是其心脏所在，表示狩猎时将要刺杀的要害部位[112]。

5. 原始织机研究

学者们对河姆渡文化已经出现织机这一观点不持异议，不过在评估河姆渡织机技术水平方面意见不尽一致。宋兆麟、牟永抗根据河姆渡遗址出土的纺纱工具纺轮，织布工具卷布轴、纬刀、定经杆、梭子，还有缝纫工具针和锥子等实物，再参考我国少数民族彝族踞织机的资料进行比较研究后，认为河姆渡文化已经使用古老的踞织机[113]。王予先生根据河姆渡遗址第一期文化出土的木筒和木棍等实物认为，木筒应是织机上的"筒式后综"（或叫做"分经筒"）。木棍是否属综杆绞棒之类尚可进一步鉴别。更重的是有件同一期文化的陶纺轮上刻划有"十"字形图案，他认为这个图案是织机经轴的定型"滕花"形象。故河姆渡文化的织机已经是装置有定型经轴的有架织机[114]。赵丰认为河姆渡出土的织机构件中可以肯定的只有卷布轴和"打纬刀"两种。因此，河姆渡织机不可能超越良渚织机的技术水平，也是一种纯靠手工挑织的原始腰机[115]。

6. 干栏式建筑研究

对河姆渡遗址第一、二期文化的干栏式木结构建筑遗迹进行研究的学者不多。其中，陈忠来对河姆渡干栏式房屋以桩木为基础，其上架设大小梁（龙骨）承托地板，构成架空的建筑基座，于其上立柱架梁的说法提出了质疑。他认为河姆渡的房屋应是半楼式的地面建筑，并非"架空建筑基座"的干栏式建筑[116]。劳伯敏认为，河姆渡第二阶段和第三阶段（距今约

6000—4800 年）的建筑物可能也同第一阶段的建筑形式相同，属干栏式木构建筑。同时，他认为位于遗址北部的三排东西向小木桩，濒临湖沼，是河姆渡先民停船上岸和烧煮食物的地方。另外，他还指出"以地面为基础的立柱直贯屋顶"的意见难以操作，且"半楼式木屋"的立柱与考古发掘出土实物不符。当时立柱的方法应是在已入土的承重桩上部捆扎带树杈的圆木作立柱[117]。潘欣信认为河姆渡遗址北面三排东西向木桩是较为初级的防护设施，可能是人类历史上最早的防御工程的萌芽。在部落和城市发展史上，具有重要地位和深远影响。同时，他肯定了河姆渡的建筑是干栏式建筑。干栏式建筑具有悠久历史，河姆渡应该是它产生的源头[118]。赵晓波认为河姆渡第一期文化的干栏式建筑以西南小山包为中心呈扇形分布，朝向为南偏东。河姆渡先民运用榫卯技术，完成了从基础结构式到梁柱结构式建筑形式的转变。大而长的圆木应是地梁或屋梁，小而短的圆木应是椽子，坡屋面中间当有次梁。同时干栏式长屋内既有氏族公共活动的大房间，也有对偶夫妻生活的小房间[119]。

7. 其他方面的研究

钟遐在《文物》1976 年第 8 期上发表了《从河姆渡遗址出土猪骨和陶猪试论我国养猪的起源》一文，通过河姆渡出土经过鉴定的家猪骨骼结合猪形陶塑，并与我国其他遗址出土的家猪骨骼相比较后指出，我国饲养家猪的历史可以远溯到七千年以前的若干世代。他认为猪与农业很早就有相互促进、相互依存的关系，猪的饲养与发展总是与一定阶段的农业生产水平相适应的。吴玉贤从分析河姆渡文化木筒的结构入手，结合民族学资料阐明筒的发展序列，同时地层中出土了诸如骨哨、陶埙等乐器。这些现象表明河姆渡文化时期存在多种乐器，木筒应是乐器中的一种[120]。李家治、陈显球、邓泽群和谷祖俊对河姆渡遗址出土的不同层位不同陶系进行了化学组成、加热性状、显微结构以及其他物理性能的测定，并分析和讨论了各文化层陶片的特点以及工艺的发展过程。他们认为第四文化层夹炭黑陶是在绢云母质中有意识掺和炭化的稻壳和植物茎叶制成，并且是事先经过燃烧炭化后放进陶土中加水拌和使用的。夹炭或夹砂黑陶其含铁量非常低（1.5—1.8%），而且烧失量都很大，最大者可达 13.42%[121]。韩康信、潘其风对河姆渡遗址 M23 和 M17 的两具人头骨进行了观察和测量，认为这两具头骨在蒙古人种形态的发育上比旧石器时代晚期的柳江人更明显，同时具有某些类似澳大利亚——尼格罗人种性状[122]。香港中文大学邓聪认为河姆渡遗址出土的断面呈凸字形和工字形的陶纺轮，实际上是人体装饰品——耳栓，与纺轮无关[123]。毛昭晰认为河姆渡第二期文化的陶灶是用来在船上烧火煮饭的，并由此联想到稻作农业东传很可能是在一种偶然情况下实现的[124]。吴汝祚通过对河姆渡文化发现的各种器物造型结构装饰花纹的细致观察后认为河姆渡先民已经有了数的概念，可能有了两位数的概念，甚至可能已有三位数的概念。同时，他在分析干栏式建筑和木构水井结构后认为，河姆渡先民已认识到分力与合力的关系，已经知道为了增强抗压强度，应该如何建造房屋、水井才合理。对河姆渡遗址出土的木构件进行分析，可以了解到河姆渡先民已具有数理知识[125]。有不少专家、学者对河姆渡水上交通问题提出了看法。他们根据河姆渡遗址出土的不少木桨和舟形器，结合河姆渡遗址出土的不少水生动植物骨骼，认为河姆渡文化虽未见独木舟出土，但有理由相信河姆渡先民已能制作独木舟，并以木桨作推进工具。曾骐认为，河姆渡人是发明舟楫和征服海洋的先导[126]。曾骐把河姆渡文化称之为"釜鼎文化"，形成了以釜、鼎、灶为炊器一整套饮食器皿的革新，如盉、杯、异形鬶等的出现，表明河姆渡先民创造了独有的饮食文化。他是后来江南水乡"饭稻羹鱼"的渊源[127]。叶树望将河姆渡文化与良渚文化、大汶口文化及龙山文化进行对比分析，并结合古史传说，推断出河姆渡文化的创造者属于古东夷族[128]。华光、陆洲认为河姆渡出土的骨哨是乐器，并经过对骨哨的分析、实验，从而推断河姆渡先民在制作骨哨过程中掌握了孔位与音高之间的关系规律，已具有今天概念的五声音阶的某种认识[129]。王海明和孙国平对余姚鲞架山遗址出土的夹炭陶器进行了研究，认为河姆渡文化早期夹炭陶乌黑发亮的根本原因是由于地下水位高这种特殊的埋藏环境造成的。正常情况下，其早期夹炭陶是在氧化气氛中烧成、器表应有红色氧化层[130]。

　　上述挂一漏万的综合研究成果，反映了河姆渡文化研究在广度和深度上已取得了可喜成绩。但是，也存在某些研究方面的缺陷，有些学术问题未被涉及或者涉及甚少。诸如：河姆渡文化的来源及去向，河姆渡文化的创造者，河姆渡文化的聚落形态，稻作农业方面的古稻田发掘，人在稻作农业生产过程中的行为能力和行为过程，以及河姆渡文化所处的社会发展阶段等方面，还有待继续加强考古研究，进行深入探讨以期取得更令人满意的成绩。

注　　释

[1] 牟永抗《浙江新石器时代文化的初步认识》，《中国考古学会第三次年会论文

集》第2—5页，文物出版社1981年版。

[2] 刘军《河姆渡文化的再认识》，《中国考古学会第三次年会论文集》第15—16页，文物出版社1981年版。

[3] 浙江省文物考古研究所、宁波市文物考古研究所《宁波慈湖遗址发掘简报》，浙江省文物考古研究所编《浙江省文物考古研究所学刊》第15—20页，科学出版社1993年版。

[4] 名山后遗址考古队《奉化名山后遗址第一期发掘的主要收获》，浙江省文物考古研究所编《浙江省文物考古研究所学刊》第119—123页，科学出版社1993年版。

[5] 浙江省文物考古研究所、象山县文物管理委员会《象山县塔山遗址第一、二期发掘》，浙江省文物考古研究所编《浙江省文物考古研究所学刊》第22—73页，长征出版社1997年版。

[6] 王海明《慈城小东门新石器时代及商周遗址》，《中国考古学年鉴（1993年）》第144页，文物出版社1995年版。

[7] 孙国平、王渭金《余姚市鲞架山遗址发掘报告》，《史前研究》（2000年）。

[8] 河姆渡文化课题组《二十年来河姆渡文化的认识与探索》，浙江省文物考古研究所编《浙江省文物考古研究所建所二十周年论文集（1979—1999）》第1—16页，西泠印社1989年版。

[9] 王海明《河姆渡遗址与河姆渡文化》，《东南文化》2000年第7期。

[10] 刘军《浙江考古的世纪回顾与展望》，《考古》2001年第10期。

[11] 何驽《考古学文化因素分析法与文化因素传播模式论》，《考古与文物》1990年第6期。

[12] 黄宣佩主编《福泉山——新石器时代遗址发掘报告》，文物出版社2000年版。

[13] 浙江省文物考古研究所、余杭市文物管理委员会《浙江余杭汇观山良渚文化祭坛与墓地发掘简报》，《文物》1997年第7期。

[14] 刘军、王海明《宁绍平原良渚文化初探》，《东南文化》1993年第1期。

[15] 吴玉贤《遥忆河姆渡遗址第一期发掘》，余姚市政协文史委员会编《古城新韵》第203页，浙江上虞印刷有限公司1999年版。

[16] 本刊通讯员《河姆渡遗址第一期发掘工作座谈会纪要》，《文物》1976年第8期。

[17] 河姆渡遗址考古队《河姆渡遗址第二期发掘的主要收获》，《文物》1980年第5期。

[18] 牟永抗《试论河姆渡文化》，中国考古学会编《中国考古学会第一次年会论文集》第 109 页，文物出版社 1979 年版。

[19] 姚仲源《二论马家浜文化》，中国考古学会编《中国考古学会第二次年会论文集》第 137—140 页，文物出版社 1980 年版。

[20] 同［2］。

[21] 同［1］第 4 页。

[22] 浙江省博物馆《三十年来浙江文物考古工作》，文物编辑委员会编《文物考古工作三十年（1949—1979）》第 217—228 页，文物出版社 1981 年版。

[23] 吴汝祚《试论河姆渡文化与马家浜文化的关系》，《南方文物》1996 年第 3 期。

[24] 夏鼐《碳－14 测定年代和中国史前考古学》，《考古》1977 年第 4 期。

[25] 严文明《中国史前文化的统一性与多样性》，《文物》1987 年第 3 期。

[26] 安志敏《河姆渡遗址浅析》，浙江省文物局、浙江省文物考古研究所、河姆渡遗址博物馆编《河姆渡文化研究》第 18 页，杭州大学出版社 1998 年版。

[27] 汪济英《良渚文化的回顾与探讨》，余杭县政协文史资料委员编《良渚文化徐杭文史资料》（第 3 辑）（1987 年）。

[28] 吴玉贤《河姆渡的原始艺术》，《文物》1982 年第 7 期。

[29] 林华东、韦立立《论河姆渡暨越文化的海外传播》，浙江省文物局、浙江省文物考古研究所、河姆渡遗址博物馆编《河姆渡文化研究》第 142—144 页，杭州大学出版社 1998 年版。

[30] 同［9］。

[31] 黄宣佩《关于河姆渡遗址年代的讨论》，《上海博物馆集刊》第 7 期第 289—292 页，上海书画出版社 1996 年版。

[32] 黄渭金《试论河姆渡遗址各文化层的年代》，《史前研究》（2000 年）。

[33] 石兴邦《河姆渡文化——我国稻作农业的先驱和"采集农业"的拓植者》，浙江省文物局、浙江省文物考古研究所、河姆渡遗址博物馆编《河姆渡文化研究》第 7—16 页，杭州大学出版社 1998 年版。

[34] 石兴邦《再论河姆渡文化的溯源和追流问题》，王慕民、管敏义编《河姆渡文化新论——海峡两岸河姆渡文化学术研讨会论文集》第 17 页，海洋出版社 2002 年版。

[35] 王海明《河姆渡文化渊源思考》，浙江省文物局、浙江省文物考古研究所、河姆渡遗址博物馆编《河姆渡文化研究》第 136 页，杭州大学出版社 1998 年版。

[36] 刘军《河姆渡文化研究的回顾与前瞻》，王慕民、管敏义编《河姆渡文化新论——海峡两岸河姆渡文化学术研讨会论文集》第 3 页，海洋出版社 2002 年版。

[37] 刘军、蒋乐平《宁绍地区新石器时代文化若干问题探讨》，浙江省文物局、浙江省文物考古研究所、河姆渡遗址博物馆编《河姆渡文化研究》第 3 页，杭州大学出版社 1998 年版。

[38] 李小红《略论地理环境在河姆渡文化兴衰中的作用》，王慕民、管敏义编《河姆渡文化新论——海峡两岸河姆渡文化学术研讨会论文集》第 60 页，海洋出版社 2002 年版。

[39] 邵九华、邵尧明、夏梦河《河姆渡文化兴衰与水环境的变化》，《中国文物报》2002 年 3 月 29 日。

[40] 黄宣佩《良渚文化分布范围的探讨》，《文物》1998 年第 2 期。

[41] 汪济英《良渚文化的回顾与探讨》，余杭县政协文史资料委员会编《良渚文化余杭文史资料》（第 3 辑）（1987 年）。

[42] 栾丰实《良渚文化的分期与分区》，徐湖平主编《东方文明之光——良渚文化发现 60 周年纪念文集》第 277 页，海南国际新闻出版中心 1996 年版。

[43] 安志敏《良渚文化研究·序三》，林华东《良渚文化研究》第 6 页，浙江教育出版社 1998 年版。

[44] 同［1］第 4 页。

[45] 朔知《良渚文化的范围——兼论考古学文化共同体》，《南方文物》1998 年第 2 期。

[46] 丁品《钱塘江两岸新石器时代晚期文化关系初论》，浙江省文物考古研究所编《纪念浙江省文物考古研究所建所二十周年论文集》第 57—58 页，西泠印社 1999 年版。

[47] 同［3］第 117 页。

[48] 同［14］。

[49] 林士民《从宁绍地区的遗址看河姆渡文化的发展》，浙江省文物局、浙江省文物考古研究所、河姆渡遗址博物馆编《河姆渡文化研究》第 115 页，杭州大学出版社 1998 年版。

[50] 林华东《良渚文化研究》第 78—79 页，浙江教育出版社 1998 年版。

[51] 林承坤《长江、钱塘江中下游地区新石器时代古地理与稻作的起源和分布》，《农业考古》1987 年第 1 期。计宏祥《从哺乳动物化石来探讨中国新石器时代一些遗址的自然环境》，《史前研究》1985 年第 2 期。乔晓勤《史前中国

东南滨海文化的生态学研究》，《东南文化》1987 年第 3 期。张之恒《河姆渡文化早期姚江流域的生态环境》，王慕民、管敏义编《河姆渡文化新论——海峡两岸河姆渡文化学术研讨会论文集》，海洋出版社 2002 年版。黄渭金《试论河姆渡史前先民与自然环境关系》，《农业考古》1999 年第 1 期。同 [38]。郎鸿儒《浙江余姚河姆渡新石器时代遗址与全新世海面的变化》，《浙江地质》1987 年第 1 期。吴维棠《七千年来姚江平原的演变》，《地理学报》第 3 卷第 3 期（1983 年）。孙湘君《河姆渡先民生活时期的古植被、古气候》，《植物学报》第 23 卷第 2 期（1981 年）。石兴邦《中国新石器时代考古文化与生态环境的考定》，《史前研究》（1990—1991 年）。魏女《环境与河姆渡文化》，《考古与文物》2002 年第 3 期。李抱荣《河姆渡的文化生态研究》，《东南文化》1993 年第 4 期。魏丰、吴维棠、张明华、韩德芬《浙江余姚河姆渡新石器时代动物群》第 94—95 页，海洋出版社 1989 年版。

[52] 周子康、刘为纶、吴维棠《河姆渡地区中全新世温暖期古植被和古气候的研究》，浙江省文物局、浙江省文物考古研究所、河姆渡遗址博物馆编《河姆渡文化研究》第 264—265 页，杭州大学出版社 1998 年版。

[53] 冯怀珍、王宗涛《全新世浙江的海岸变迁与海面变化》，《杭州大学学报》第 13 卷第 1 期（1986 年）。

[54] 游修龄《稻作史论集·自序》，《稻作史论集》，中国农业科技出版社 1993 年版。

[55] 游修龄《对河姆渡遗址第四文化层出土稻谷和骨耜的几点看法》，《文物》1976 年第 8 期。

[56] 周季维《长江中下游出土古稻考察报告》，《云南农业科技》1986 年第 6 期。

[57] 汤圣祥、张文绪、刘军《河姆渡、罗家角出土稻谷外稃双峰乳突的扫描电镜观察研究》，《作物学报》第 25 卷第 3 期（1999 年）。

[58] 汤圣祥、佐藤洋一郎、俞为洁《河姆渡炭化稻中普通野生稻谷粒的发现》，《农业考古》1994 年第 3 期。

[59] 严文明《中国稻作农业的起源》，《农业考古》1982 年第 1、2 期。刘军《河姆渡稻谷的启示》，《农业考古》1987 年第 2 期。柳勇明《小议河姆渡遗址》，《农业考古》1987 年第 2 期。吴汝祚、牟永抗《农业与文明》，《农业考古》1991 年第 1 期。林华东《中国稻作农业的起源与东传日本》，《农业考古》1992 年第 1 期。黄渭金《浅析河姆渡遗址的原始农业生产》，《农业考古》1996 年第 3 期。张之恒《河姆渡文化发现的意义》，浙江省文物局、浙江省文物考古研究所、河姆渡遗址博物馆编《河姆渡文化研究》，杭州大

学出版社 1998 年版。游修龄《河姆渡人的族源和稻作的传播问题（提要）》，王慕民、管敏义编《河姆渡文化新论——海峡两岸河姆渡文化学术研讨会论文集》，海洋出版社 2002 年版。

[60] 安志敏《中国史前农业概说》，《农业考古》1987 年第 2 期。严文明《再论稻作农业的起源》，《农业考古》1989 年第 2 期。邵九华《河姆渡稻作渊源探析》，《农业考古》1997 年第 3 期。曾骐《河姆渡人在中华文化缔造中的贡献》，浙江省文物局、浙江省文物考古研究所、河姆渡遗址博物馆编《河姆渡文化研究》，杭州大学出版社 1998 年版。王海明《中国稻作农业起源研究与考古发掘》，《农业考古》1998 年第 1 期。

[61] 同［33］第 14 页。

[62] 刘志一《关于稻作农业起源问题的通讯》，《农业考古》1994 年第 3 期。

[63] 同［55］。

[64] 汪宁生《河姆渡文化的"骨耜"及相关问题》，《东南文化》1991 年第 1 期。

[65] 张光直《中国东南海岸的"富裕的食物采集文化"》，《上海博物馆集刊》第 4 期第 145 页；上海古籍出版社 1987 年版。

[66] 黄渭金《河姆渡文化"骨耜"新探》，《文物》1996 年第 1 期。

[67] 游修龄《从河姆渡遗址出土稻谷试论我国栽培稻的起源分化与传播》，《作物学报》第 5 卷第 3 期（1979 年）。

[68] 游修龄、郑云飞《河姆渡稻谷研究进展及展望》，浙江省文物局、浙江省文物考古研究所、河姆渡遗址博物馆编《河姆渡文化研究》第 40、45 页，杭州大学出版社 1998 年版。

[69] 朱馨萍《七千年的远古艺术——河姆渡图案》，《浙江工艺美术》1982 年第 2 期。

[70] 同［28］。

[71] 康育义《论河姆渡原始艺术的美学特征——兼论中国绘画南北差异之起源》，《东南文化》1990 年第 5 期。

[72] 龚若栋《河姆渡原始艺术的地位与价值》，《民间艺术》1988 年第 1 期。

[73] 梁大成《河姆渡遗址几何图形试析》，《史前研究》（1990—1991 年）。

[74] 陈炎《河姆渡文化对研究环太平洋区域文明的起源与传播的重大意义》，王慕民、管敏义编《河姆渡文化新论——海峡两岸河姆渡文化学术研讨会论文集》第 231—233 页，海洋出版社 2002 年版。陈依元《河姆渡在中华乃至人类经济文化中的地位与影响》，王慕民、管敏义编《河姆渡文化新论——海峡两岸河姆渡文化学术研讨会论文集》第 276 页，海洋出版社 2002 年版。

[75] 李彤《关于河姆渡原始艺术的探讨》,《东南文化》2000 年第 7 期。

[76] 俞建伟《河姆渡文化与原始审美意识的产生》,王慕民、管敏义编《河姆渡文化新论——海峡两岸河姆渡文化学术研讨会论文集》第 125—133 页,海洋出版社 2002 年版。

[77] 周玮《河姆渡文化艺术的美学新解》,王慕民、管敏义编《河姆渡文化新论——海峡两岸河姆渡文化学术研讨会论文集》第 116—123 页,海洋出版社 2002 年版。

[78] 徐定宝《河姆渡文化——华夏民族的雏形》,王慕民、管敏义编《河姆渡文化新论——海峡两岸河姆渡文化学术研讨会论文集》第 248—250 页,海洋出版社 2002 年版。

[79] 黄颖琦《河姆渡陶器纹样初探》,《台州师专学报(社会科学版)》1991 年第 1 期。

[80] 董贻安《试析河姆渡文化原始艺术的审美特征》,《浙东文化论丛》第 4—11 页,中央编译出版社 1995 年版。

[81] 王仁湘、袁靖《河姆渡文化"蝶形器"的用途和名称》,《考古与文物》1984 年第 5 期。

[82] 汪宁生《试释几种石器的用途》,田昌五、石兴邦主编《中国原始文化论集——纪念尹达八十诞辰》第 386 页,文物出版社 1989 年版。

[83] 宋兆麟《河姆渡遗址出土蝶形器的研究》,田昌五、石兴邦主编《中国原始文化论集——纪念尹达八十诞辰》第 391—399 页,文物出版社 1989 年版。

[84] 黄渭金《河姆渡蝶形器再研究》,《南方文物》1998 年第 2 期。

[85] 石兴邦《我国东方沿海和东南地区古文化中鸟类图像与鸟祖崇拜的有关问题》,田昌五、石兴邦主编《中国原始文化论集——纪念尹达八十诞辰》第 239 页,文物出版社 1989 年版。邵望平《史前艺术品的发现及史前艺术功能的演变》,《庆祝苏秉琦考古五十五年论文集》编辑组编《庆祝苏秉琦考古五十五年论文集》第 90—91 页,文物出版社 1989 年版。

[86] 金文馨《河姆渡文化日鸟图像试析》,中国社会科学院考古研究所编著《考古求知集——'96 考古研究所中青年学术讨论会文集》第 138—143 页,中国社会科学出版社 1997 年版。

[87] 叶树望《河姆渡先民的原始历法》,浙江省文物局、浙江省文物考古研究所、河姆渡遗址博物馆编《河姆渡文化研究》第 209—216 页,杭州大学出版社 1998 年版。

[88] 董楚平《河姆渡双鸟与日(月)同体刻纹》,《故宫文物月刊》(台北)第 12

卷第 2 期（1994 年）。

［89］王士伦《越国鸟图腾和鸟崇拜的若干问题》，《浙江学刊》1990 年第 6 期。

［90］陈忠来《河姆渡文化探原》第 160—175 页，团结出版社 1993 年版。

［91］陈勤建《古吴越地区鸟信仰与稻作生产》，《中华民间文化》，学林出版社
　　 1993 年版。

［92］周庆基《河姆渡人的宗教观念和“凤”的起源》，《河北大学学报》1993 年
　　 第 2 期。

［93］林华东《河姆渡“双鸟朝阳”纹象牙蝶形器》，《故宫文物月刊》（台北）第
　　 9 卷第 11 期（1992 年）。

［94］牟永抗《东方史前时期太阳崇拜的考古学观察》，《故宫学术季刊》（台北）
　　 第 12 卷第 4 期（1995 年）。

［95］刘军《河姆渡文化原始雕塑》，《中华文物学会》（台北）（1996 年）。

［96］蒋卫东《涡纹·湖沼崇拜·鸟形器》，浙江省文物局、浙江省文物考古研究所、
　　 河姆渡遗址博物馆编《河姆渡文化研究》第 227—242 页，杭州大学出版社
　　 1998 年版。

［97］唐德中、徐翔《华夏和合文化的原始雏形——河姆渡先民连体双鸟图腾新
　　 释》，王慕民、管敏义《河姆渡文化新论——海峡两岸河姆渡文化学术研
　　 讨会论文集》第 146—152 页，海洋出版社 2002 年版。

［98］石兴邦《我国东方沿海和东南地区古代文化中鸟类图像与鸟祖崇拜的有关问
　　 题》，田昌五、石兴邦主编《中国原始文化论集——纪念尹达八十诞辰》第
　　 238—239 页，文物出版社 1989 年版。

［99］王大有《龙凤文化源流》第 212—213 页，北京工艺美术出版社 1987 年版。

［100］毛昭晰《从羽人纹饰看羽人源流》，浙江省文物局、浙江省文物考古研究
　　　 所、河姆渡遗址博物馆编《河姆渡文化研究》第 28—29 页，杭州大学出版
　　　 社 1998 年版。

［101］周新华《“鱼藻纹盆”刍议》，《东南文化》1994 年第 1 期。

［102］黄渭金《河姆渡遗址“鱼藻”纹盆考释》，《农业考古》1995 年第 1 期。

［103］牟永抗《良渚玉器上神崇拜的探索》，《庆祝苏秉琦考古五十五年论文集》
　　　 编辑组编《庆祝苏秉琦考古五十五年论文集》第 192 页，文物出版社 1989
　　　 年版。

［104］康育义《河姆渡文化“五叶纹”研究》，《东南文化》1992 年第 6 期。

［105］俞为洁《浅谈河姆渡盆栽五叶纹植物》，《农业考古》1991 年第 1 期。

［106］刘志一《中国最早的药物栽培考证》，《农业考古》1997 年第 1 期。

[107] 吴诗池《中国原始艺术》第 73 页，紫禁城出版社 1996 年版。

[108] 黄渭金《河姆渡文化"五叶纹"陶块考略》，《农业考古》1999 年第 1 期。

[109] 姚晓强《河姆渡五叶纹植物之再探讨》，《农业考古》1999 年第 1 期。

[110] 李纪贤《稚拙的河姆渡家猪形象》，《中国文物报》1990 年 8 月 30 日。

[111] 俞为洁《河姆渡文化猪形图案装饰器新探》，《农业考古》1994 年第 3 期。

[112] 袁靖《史前人类和自然生态的关系——关于动物考古学的几个问题》，《史前研究》（1990—1991 年）。

[113] 宋兆麟、牟永抗《我国远古时期的踞织机——河姆渡文化的纺织技术》，《中国纺织科学技术史》编委会编《中国纺织科技史资料》第 11 集，中国纺织科学研究所 1982 年版。

[114] 王㐨《八角星纹与史前织机》，《中国文化》1990 年第 2 期。

[115] 赵丰《良渚织机的复原》，《东南文化》1992 年第 2 期。

[116] 同［90］第 56—65 页。

[117] 劳伯敏《河姆渡干栏式建筑遗迹初探》，《南方文物》1995 年第 1 期。

[118] 潘欣信《河姆渡聚落建筑浅析》，《南方文物》1999 年第 2 期。

[119] 赵晓波《河姆渡遗址干栏式建筑的再认识》，《史前研究》（2000 年）。

[120] 吴玉贤《谈河姆渡木筒的用途》，浙江省文物考古研究所编《浙江省文物考古所学刊》第 190—193 页，文物出版社 1981 年版。

[121] 李家治等《河姆渡遗址陶器的研究》，《硅酸盐学报》第 7 卷第 2 期（1979 年）。

[122] 韩康信、潘其风《浙江余姚河姆渡新石器时代人类头骨》，《人类学学报》第 2 卷第 3 期（1983 年）。

[123] 邓聪《从河姆渡的陶质耳栓说起》，王慕名、管敏义编《河姆渡文化新论——海峡两岸河姆渡文化学术研讨会论文集》第 134—138 页，海洋出版社 2002 年版。

[124] 毛昭晰《河姆渡遗址出土的陶灶》，王慕名、管敏义编《河姆渡文化新论——海峡两岸河姆渡文化学术研讨会论文集》第 95—97 页，海洋出版社 2002 年版。

[125] 吴汝祚《初探河姆渡文化人们的数理知识》，王慕民、管敏义编《河姆渡文化新论——海峡两岸河姆渡文化学术研讨会论文集》第 160—170 页，海洋出版社 2002 年版。

[126] 曾骐《河姆渡人在中华文化缔造中的贡献》，浙江省文物局、浙江省文物考古研究所、河姆渡遗址博物馆编《河姆渡文化研究》第 273 页，杭州大学

出版社 1998 年版。

[127] 曾骐《河姆渡人所创造的饮食文化》，浙江省文物局、浙江省文物考古研究所、河姆渡遗址博物馆编《河姆渡文化研究》第 103—104 页，杭州大学出版社 1998 年版。

[128] 叶树望《河姆渡文化创造者的族属探讨》，王慕民、管敏义编《河姆渡文化新论——海峡两岸河姆渡文化学术研讨会论文集》第 175 页，海洋出版社 2002 年版。

[129] 华光、陆洲《原始艺术科技的结晶——河姆渡出土骨哨》，《艺术科技》1988 年第 2 期。

[130] 王海明、孙国平《鲞架山遗址发掘的启示——河姆渡文化夹炭陶陶色探讨》，浙江省文物考古研究所编《浙江省文物考古研究所建所二十周年论文集》第 21 页，西泠印社 1999 年版。

七 河姆渡文化前瞻

（一）开展聚落形态研究

聚落考古一词是美国当代考古学经常用到的一个概念。我国始用于 20 世纪 80 年代，实质上的聚落考古在 20 世纪 30 年代即已出现，50 年代已是有意识地进行研究。一般意义上的聚落指的应是村落或者人们聚居的地方。考古学所研究的聚落实际上是指聚落遗址。聚落考古就是以聚落遗址为单位进行田野考古操作和研究的一种方法。从 20 世纪 70 年代河姆渡遗址发掘开始到现在，实际上一直在进行聚落考古，不过目的性不很明确，自觉性不到位。在过去的三十多年中，我们在宁绍平原调查了几十处新石器时代遗址（存），除河姆渡遗址外，还发掘了九处新石器时代的聚落遗址。其中绝大部分遗存属河姆渡文化，发掘面积 4000 平方米左右，主要发掘项目有宁波慈湖、奉化名山后、象山塔山、余姚鲞架山和鲻山遗址等。这些发掘为研究河姆渡文化内涵、分期、分布，这些遗址与典型遗址之间的关系，以及其与宁绍平原以外原始文化的联系等方面积累了基础性材料。这些发掘使我们对河姆渡文化的时空概念有了进一步认识，为用聚落考古的观点对河姆渡文化聚落遗址进行发掘与研究准备了必要的条件。过去对河姆渡文化遗址的发掘，由于各种原因导致发掘面积过小，无法在整体上认识一个遗址。从现在起我们应自觉地运用聚落考古的方法来指导田野发掘与研究。严文明先生指出，聚落考古一般应包含在三个方面的内容。第一，单个聚落形态和内部结构的研究。第二，聚落分布和聚落之间关系的研究。第三，聚落形态历史演变的研究。三个方面既有区别，又有联系[1]。严先生所说的第一方面内容即是微观聚落考古研究，第二、三方面内容即是宏观聚落考古研究。根据目前河姆渡文化研究现状，无法从已知的基础材料中找到解决当时社会组织结构、氏族制度、社会性质等相关问题的充分物质证据，所以距恢复河姆渡文化本来面貌还相差甚远。因此，当前河姆渡文化研究的主要任务，应是实实在在地做好微观聚落考古研究。但这并不是说不要宏观聚落考古，大家都知道，任何学科既要做微观研究，也要作宏观研究。没有微观研究，一些具有普遍意义的规律就会缺乏基础；没有宏观研究，许多具体研究不知方向，深入不下去。显然，微观聚落考古即单个聚落考古，属于基础性研究。要做好宏观聚落考古研究，没有微观聚落考古许许多多基础性材料，宏观研究无法进行，因此适时地做好单个聚落考古就显得非常重要。严先生还指出："单个聚落形态研究至少应该包含三个方面，一是整体形状，二是聚落内部各种遗迹形态，三是聚落布局或聚落内部各种遗迹相互联系的方式。"[2]作单个聚落考古研究的客观条件是研究客体保存情况要好。迄今为止，已知的河姆渡文化遗址保存状况较好，可供作聚落考古研究的只有鲻山和田螺山两处。而田螺山遗址各方面的条件都比鲻山优越，文化层分布于田螺山的西南、东南和正南面，几千年前在遗址西面可能是湖泊沼泽，据考古钻探获悉这处遗址面积约 30000 平方米，这里可能先后存在过几个时期的聚落。这样一处聚落遗址适宜进行大面积或者全面揭露。进行聚落考古研究前应制订好详细规划，在此基础上方能实施田野考古。聚落考古研究本身难度比较大，而长江以南的南方地区难度就更大，这给聚落考古造成不小困难。南方地下水位普遍较高，一般的史前遗址都会遇到地下水侵蚀的问题。田螺山聚落遗址四周都是农田，水侵问题比其他遗址更严重。要解决排水问题，除了选择枯水期进行发掘外，在发掘过程中为了辨别地层的细微变化和科学清理各种遗迹现象，应该使土壤保持干燥。可以在发掘探方的一侧或四周挖排水沟，并且在探方的一角挖一个积水坑，用水泵抽水，保证发掘探方不积水，保持一个较为干燥的发掘面。这样可以使聚落内多种遗迹如房屋、灰坑、手工业作坊（制陶区、制骨、制木、制石区）、牲畜圈栏、宗教遗迹以及交通（道路）和防卫设施等能得到科学清理，尽量寻求更多的直接证据，以便对遗迹的性质和功能作出合理客观的分析与确认。为此，要求考古人员在发掘现场对遗迹现象必须认真细致观察，否则就不可能有符合实际的分析。待各种遗迹性质和功能确认后，再来研究聚落布局和聚落内部各种遗迹的联系方式就有了比较可靠的基础。

房屋是聚落遗存中最为复杂的遗迹现象，同时也是研究当时社会组织形态最重要的资料，最能反映社会面目的一类遗迹。河姆渡文化的房屋早期阶段是干栏式建筑，经过河姆渡遗址先后两次发掘和鲻山遗址的发掘可略知其概貌。它是以桩木为基础，上面架设大、小梁（龙骨）以承托地板，形成架空的居住面基座，其上立柱、架梁，构成屋架并设前廊的干栏式长屋。干栏式长屋内部结构及其设施的直接证据未见发现。房屋的布局和长短，开间的多少及开间的大小，不仅与当时的建筑技术水平有关，更重要的是对分析河姆渡文化早期社会和家庭、婚姻形态等方面提供了具有说服力的证据。同样，对室内设施及其摆放位置的了解有助于我们分析该房间的性质和功能，及其使用人的情况。

另外，河姆渡文化早期公共墓地至今未有发现，这在聚落考古中也应提到议事日程上加以关注。因为公共墓地与房屋在分析河姆渡文化社会结构、社会性质及家庭、婚姻形态等方面具有同等作用。

单个聚落研究除对聚落内各种遗迹形态的识别外，还要搞清聚落布局、结构和形态。可以说聚落考古是个复杂的系统工程。单个聚落研究是聚落考古的基础。有了田螺山聚落遗址的材料，又有三十多年来河姆渡文化其他聚落遗址发掘的资料和研究成果，就为开展宏观聚落形态研究提供了良好基础。通过河姆渡文化不同聚落遗址同一时期材料的比较研究，就有可能搞清聚落与聚落之间的关系及其异同。这对进一步认识河姆渡文化生产力、社会关系、经济发展水平和墓葬制度等方面会有一个较大提高，从而也有利于提高对河姆渡文化发展演变轨迹和规律的认识。

（二） 加强以稻作农业为主的多学科研究

传统观念认为农业的发明是新石器时代的一次重大革命，它改变了人们的生活方式。河姆渡稻作农业具有极为丰富的实物资料。一方面，它生动地反映了新石器时代经过一场农业革命后，带给河姆渡先民一种朝气蓬勃欣欣向荣的农业丰收景象；另一方面，它使农业考古研究课题不断向纵深发展，为河姆渡文化研究增加了新的内容，开拓了新的视野。特别是植物硅酸体分析不仅大大地提高了鉴别稻谷是栽培还是野生，是籼还是粳的准确率，而且还可以为我们认识古代遗迹的性质提供十分重要的参考信息，并为我们判断这些遗迹的功能与河姆渡先民生产生活活动的某种联系提供科学依据。因此，农业考古研究不仅对解决稻作农业起源是必要的，而且也是考古学自身研究的需要。

长江三角洲这块地域有适于水田稻作农业的良好自然环境和潮湿温暖的气候，稻作农业的起源在长江下游是完全可能的。正如严文明先生所指出："无论从长江下游自然条件的优越性来看，还是从河姆渡稻作农业已很发达，而河姆渡文化又没有明显的外来因素来看，都有理由相信长江下游稻作农业还有更早的发展历史。"[3]因此，长江三角洲为稻作农业起源研究提供了广阔的前景。

河姆渡文化遗址的每一次发掘所传递的历史信息总是丰富多彩，这就决定了河姆渡文化研究也是多方面的。河姆渡文化必须进行多学科研究，使每一项出土资料都能得到科学的解释，借此来阐明有关文化史上的意义。要做到这点就必须与相关学科携手合作，有赖各方专家学者一起切磋。我们不仅要与农史专家合作，而且还要与地质学家、古地理学家、环境学家、民族学家、古动物学家、古植物学家，甚至还要与海洋地质和海洋生物学家、语言学家等共同研究。我们要充分利用现代科技成就有针对性地为考古研究服务。只有做好了上面这些工作，河姆渡文化有关学术问题研究水平才能进一步得到开拓和提高。

（三）关注"环太平洋文化圈"

河姆渡文化的研究工作"还要面向环太平洋文化圈"。这是著名考古学家苏秉琦先生于 1993 年在给刘军和姚仲源合著的《中国河姆渡文化》"序言"中的一段发人深省的教诲。河姆渡文化分布在祖国的东南部地区，濒临大海，面向浩瀚的太平洋，处于东海岸的前沿，与海洋之间有着天然的密切关系，故亦可称之为海洋文化。这决定了我们在深入了解中国东南古文化的同时，也要了解太平洋岛屿的各族群，特别是南岛语族（Austronesian）文化与大陆东南地区诸原始文化的关系，研究中国东南古文化与环太平洋区域土著文化的传播关系。这也算是遵循苏秉琦先生的"从区系的中国转入'世界的中国'考古学"的实践[4]。

20 世纪以来，我国的民族学家、考古学家不间断地对东南亚（越南、泰国、老挝、柬埔寨、马来西亚，以及印度尼西亚、菲律宾等国）、太平洋群鸟与中国大陆东南区土著民族的文化关系作过深入的探讨，富有成果。他们所发表的精辟论著是我们了解东南亚、太平洋群岛土著民族文化的宝贵资料，值得我们好好学习。其中主要有凌纯声、林惠祥、张光直、臧振华和陈仲玉等先生的论著，以及澳大利亚国立大学远东历史系皮特·贝尔伍德博士的大作等。他们的研究成果一致认为分布在太平洋岛屿上的居民是从大陆东南部移植过去的，其始发地即在中国东南沿海地区。凌纯声先生于 1954 年在《海外杂志》第 3 卷第 10 期第 7—10 页上发表《中国古代海洋文化与亚洲地中海》首次提出了中国南海通称南洋，是亚澳两洲间的地中海。在中国远古时代，居于大陆沿岸的土著民族，因为生活在亚洲的地中海，所以他们的文化可称为海洋文化，其民族北曰貊，南曰蛮或越。海洋文化与来自青藏高原和黄土高原的大陆文化（其民族为华夏）接触之后，经过二千多年的融合，形成了中原文化。中原文化战胜了江南和岭南的南夷文化。南夷文化南下先至南洋群岛，在南太平洋中逐岛航行而抵南美洲。今之南夷群岛的马来或称印尼民族，尚保存了大部分固有的南夷或百越的语言和文化。故而作者深信环太平洋的古文化起源于中国大陆东岸。凌纯声先生又于 1961 年在《大陆杂志》第 23 卷第 11 期第 27—31 页上发表了《太平洋上的中国远古文化》。其中的远古文化指的是中国原始时代，即传说中的三皇五帝时代的文化。中国远古文化的时间可上溯数十万年，其空间范围西起乌拉尔与喜马拉雅山，东至太平洋直到南北美洲。其立论依据有近代考古发掘出土实物，以及民族学上发现的文物制度。他首先列举了航海用的筏排、方舟、戈船和楼船四种航海的交通工具。现在太平洋上土著民族用的筏排，其构造与使用方法完全与中国相同，连名称亦相近。他们称筏排谓 Vaka 或 Pahi，中国古代云："南方曰箄，北方曰筏。"可见这筏排文化是由中国南北两地分向太平洋上迁移的。方舟是太平洋上特别是玻利尼西亚群岛的主要航海工具。他的功用与筏相同，但他的速度快。戈船很可能是边架艇，是太平洋上最多的一种航海工具，既轻快又便捷。楼船是近代太平洋上的战船。由于九夷与百越之民发明了上述四种航海工具，中国远古文化传播至太平洋上才成为可能。其次，他列举了武器。有段石锛的器表有凸出凹下的段痕，这是玻利尼西亚具有代表性石器。这种石器起源于中国福建，经台湾、菲律宾而传至玻利尼西亚。有肩石斧其形似铜钺或铜戚，分布于华南、台湾、中南半岛、马来半岛。石钺系圆形或长方形的扁平石或玉制作的武器，分布于浙江、广西。在美拉尼西亚和印尼群岛都可找到这种实物与标本。第三，他列举了乐器，如竹簧、匏笙、排箫及土埙。竹簧在台湾土著民族中使用较广。匏笙分布于中国西南，中南半岛及印尼群岛。排箫分布于美拉尼西亚群岛、玻利尼西亚的东加群岛。土埙分布于美拉尼西亚的新几内亚，以及玻利尼西亚的新西兰等地。第四，他又提到了榻布。这是一种用麻丝织成的布，但更古的时候尚用树皮布，即以楮树皮打成的布。分布于太平洋上各群岛尚以树皮布做衣料，名叫 Tapa 与榻布同音。又后汉书中的㡧布，则与夏威夷人称树皮布谓 Kapa 相同。现在台湾的阿美族犹记得打制树皮布之法，今犹称毡曰 Tapam 或 Tapa；被曰 Tapan；裙曰 Tapal。可见今太平洋上的 Tapa 文化亦是起源于中国的。第五，凌纯声先生还提及社庙。中国最古老的宗教，可称之为上帝教，或社稷教，或土地教。所祀的神鬼分为上帝、天神、地祇、人鬼（祖先等）四类。这种上帝教或社稷教遍及太平洋区域。对神鬼的分类、埠坛的建筑，植立的社树与石主，与中国的社庙之祖相同。在玻利尼西亚祭神鬼时通称 Marae，而在马基萨斯群岛简称 Meae，又在美拉尼西亚叫做社 Sua 或 Sar，则此地的祭祀地名称，竟与中国庙社的名称完全相同。许多太平洋上现存的文化，多能在中国的古史、考古、民俗、民族学等材料中找到其源流。居住在太平洋岛上的多岛、小岛、黑岛以及印尼四个群岛的民族即是南岛语族，是后世所称九夷与百越之民。他们至迟在公元前 3000 年就移居到太平洋上。凌纯声先生关于中国古代与环太平洋文化的研究成果均一一收集在《中国边疆民族与环太平洋文化》

（上、下）两册巨著之中。

林惠祥先生 1938 年发表在新加坡《星洲半月刊》的《马来人与中国东南方人同源说》，从体质特点、人文习俗、考古文物（有段、有肩石器、印纹陶）等方面论述南洋马来人是史前期海洋蒙古人种自华南大陆南下东南亚后与原住民尼格罗种（小黑人）、高加索种吠陀支混合而形成的[5]。

张光直先生于 1987 年在《南方民族考古》第 1 辑上发表了《中国东南海岸考古与南岛语族起源问题》一文，依据考古资料再结合语言学家诸说，推论出大陆东南百越及其以前的沿海居民向南移居的族群，即为南岛语族的祖先。在分析比较了各种考古学文化因素后，他指出南岛语族文化主要分布在大陆东南的广东、福建和台湾。南岛语族便是台湾土著居民的祖先[6]。

陈仲玉先生认为，今日广东沿海的疍家可能是中国古代海洋族群之后裔，他们最早出现的时间可以追溯到新石器时代中期，距今七千年以上。他们的祖先就是南岛语族中善于航海的族群。所以南岛语族在海洋拓殖史中作出了不可磨灭的贡献[7]。

石兴邦先生指出，鸟图腾崇拜是环太平洋文化的一部分。同时又指出，鸟崇拜和鸟生传说是我国东方沿海和东南地区，直至环太平洋地区西北部的一个独特的文化表征，也是相当普遍的一种文化模式。不论在大陆还是相邻的太平洋岛屿，这种功能造化于人类社会生活的种种形迹是可以追溯出来的[8]。

臧振华先生认为，中国东南沿海南岛民族面向海洋的拓殖事业之所以发展得特别快，主要在于适应了当时的生态环境。距今 7000—4000 年前，他们普遍表现出适应海洋环境的倾向。

当某种文化或自然因素影响到他们的生活时，便很容易地使他们放弃原来的居地，在其他海洋环境中寻找新天地[9]。

林士民等先生认为，有段石锛不仅广泛流行于太平洋西海岸，而且在广阔的太平洋诸岛屿也发现不少。这些石锛的起源地在中国东南地区的河姆渡，其在太平洋文化圈的传播经过早、中、晚三个阶段[10]。

皮特·贝尔伍德博士于1984年12月20日上午在浙江自然博物馆给那里的专业人员作讲演时指出，奥斯特洛尼西亚人等整个南亚人与中国都有关系。奥斯特洛尼西亚人从中国南方或台湾迁徙过去。太平洋、南亚很多人的生活习俗与中国南部少数民族很相似，风格差不多。在台湾、泰国发现的陶器，拍印绳纹的方法较普遍。南亚的陶器圆底多见，平底少见，发现的石斧、石锛与河姆渡同种器型很相像。在台湾发现的陶纺轮与河姆渡的纺轮也很相似。所以推测奥斯特洛尼西亚人与河姆渡有密切联系（根据记录整理，仅供参考）。

综上所述，可以看出，民族学家、考古学家一致认为中国东南地区原始文化与太平洋群岛土著民族文化有密切联系，特别是分布在太平洋岛屿上的南岛语族与中国东南地区古文化有着千丝万缕的联系。譬如河姆渡文化的陶器上不仅有大量的绳纹和划纹，而且也有不少用贝壳缘戳（压）印的贝齿纹。但是，过去我们研究这方面的学者甚少，特别是大陆的学者就更少。今日，中国学术界闭关自守，闭目塞听的现象随着改革开放的深入发展已一去不复返了，一个"让世界了解中国，让中国了解世界"的新时代业已到来。作为处在中国东南部地区，又处于海洋前沿的考古学者和民族学者，有必要与台湾省和东南亚、太平洋区域的考古、民族学者携起手来，从研究理论、研究资料、研究手段诸方面进行广泛交流，把中国东南地区与东南亚、太平洋区域古文化的关系的研究逐步地开展起来，为"环太平洋文化圈"的研究开拓新局面。

注　释

［1］严文明《聚落考古与史前社会研究》，《走向 21 世纪的考古学》第 107 页，三秦出版社 1997 年版。

［2］同［1］第 109 页。

［3］严文明《再论稻作农业的起源》，《史前考古论集》第 393 页，科学出版社 1998 年版。

［4］苏秉琦《中国河姆渡文化·序一》，刘军、姚仲源《中国河姆渡文化》，浙江人民出版社 1993 年版。

［5］转引自吴春明《中国东南土著民族历史与文化的考古学观察》第 78 页，厦门大学出版社 1999 年版。

［6］张光直《中国东南海岸考古与南岛语族起源问题》，童恩正编《南方民族考古》第 1 辑第 1—14 页，四川大学出版社 1987 年版。

［7］陈仲玉《试论中国东南沿海史前的海洋族群》，王慕民、管敏义编《河姆渡文化新论》第 215 页，海洋出版社 2002 年版。

［8］石兴邦《我国东方沿海和东南地区古文化中鸟类图像与鸟祖崇拜的有关问题》，田昌五、石兴邦主编《中国原始文化论集——纪念尹达八十诞辰》第 263—265 页，文物出版社 1989 年版。

［9］臧振华《中国东南沿海史前文化的海洋适应与扩张》，《考古与文物》1999 年第 3 期。

［10］林士民《论河姆渡文化中的石锛》，王慕民、管敏义编《河姆渡文化新论》第 87—93 页，海洋出版社 2002 年版。

参 考 文 献

1．文物编辑委员会《文物考古工作三十年（1949—1979）》，文物出版社 1981 年版。

2．梅福根、吴玉贤《七千年前的奇迹——河姆渡遗址》，上海科技出版社 1982 年版。

3．宋兆麟、黎家芳、杜耀西《中国原始社会史》，文物出版社 1983 年版。

4．中国社会科学院考古研究所《新中国的考古发现和研究》，文物出版社 1984 年版。

5．杜石然等《中国科学技术史稿》，科学出版社 1985 年版。

6．何新《诸神的起源——中国远古神话与历史》，三联书店 1986 年版。

7．张光直《考古学专题六讲》，文物出版社 1986 年版。

8．王大有《龙凤文化源流》，北京工艺美术出版社 1987 年版。

9．上海市文物保管委员会编《崧泽》，文物出版社 1987 年版。

10．杨鸿勋《建筑考古学论文集》，文物出版社 1987 年版。

11．李根蟠、黄崇岳、卢勋《中国原始社会经济研究》，中国社会科学出版社 1987 年版。

12．张之恒《中国新石器时代文化》，南京大学出版社 1988 年版。

13．田昌五、石兴邦《中国原始文化论集——纪念尹达八十诞辰》，文物出版社 1989 年版。

14．弗朗兹·博厄斯《原始艺术》，上海文艺出版社 1989 年版。

15．魏丰、吴维棠、张明华、韩德芬《浙江余姚河姆渡新石器时代遗址动物群》，海洋出版社 1989 年版。

16．徐馨、沈志达《全新世环境——最近一万多年来环境变迁》，贵州人民出版社 1990 年版。

17．中国历史博物馆考古部《当代国外考古学理论与方法》，三秦出版社 1991 年版。

18．林华东《河姆渡文化初探》，浙江人民出版社 1992 年版。

19．刘军、姚仲源《中国河姆渡文化》，浙江人民出版社 1993 年版。

20．游修龄《稻作史论集》，中国农业科技出版社 1993 年版。

21．陈忠来《河姆渡文化探原》，团结出版社 1993 年版。

22．张忠培《中国考古学：实践·理论·方法》，中州古籍出版社 1994 年版。

23．李学勤、徐吉军《长江文化史》，江西教育出版社 1995 年版。

24．王象坤、孙传清《中国栽培稻起源与演化研究专集》，中国农业大学出版社 1996 年版。

25．王玉棠等主编、香港树仁学院编著《农业的起源和发展》，南京大学出版社 1996 年版。

26．严文明《走向 21 世纪的考古学》，三秦出版社 1997 年版。

27．苏秉琦《中国文明起源新探》，商务印书馆香港有限公司 1997 年版。

28．傅熹年《傅熹年建筑史论文集》，文物出版社 1998 年版。

29．浙江省文物局、浙江省文物考古研究所、河姆渡遗址博物馆编《河姆渡文化研究》，杭州大学出版社 1998 年版。

30．邵九华《河姆渡——中华远古文化之光》，中国大百科全书出版社 1998 年版。

31．严文明《史前考古论集》，科学出版社 1998 年版。

32．知原《人之初——华夏远古文化寻踪》，四川教育出版社 1998 年版。

33．余姚市政协文史委员会编《古城新韵》，浙江上虞印刷有限公司 1999 年版。

34．吴春明《中国东南土著民族历史与文化的考古学观察》，厦门大学出版社 1999 年版。

35．张忠培《中国考古学——走近历史真实之道》，科学出版社 1999 年版。

36．张光直《考古人类学随笔》，三联书店 1999 年版。

37．陈星灿《中国史前考古学史研究（1895—1949）》，三联书店 1997 年版。

38．浙江省政协文史资料委员会、浙江省文物局《文物之邦显辉煌——考古发掘与文物保护纪实》，浙江人民出版社 2000 年版。

39．吴汝祚主编《炎黄汇典·考古卷》，吉林文史出版社 2002 年版。

40．王慕民、管敏义主编《河姆渡文化新论——海峡两岸河姆渡文化学术研讨会论文集》，海洋出版社 2002 年版。

41．浙江省文物考古研究所编《河姆渡——新石器时代遗址考古发掘报告》，文物出版社 2003 年版。

后　　记

　　河姆渡文化从发现到现在整整三十个年头，以其灿烂的文化屹立于人类文明之林，震惊寰宇，享誉学术界。

　　河姆渡文化发现的价值和意义，已得到学术界的普遍共识。为了展现它多彩的风姿，一座河姆渡遗址博物馆犹如一座丰碑，在遗址发现二十年之后耸立在原址旁，细说着辉煌岁月。便于对本书感兴趣的读者更直观地了解河姆渡文化，丰富了拙作的形象思维，增强了对河姆渡文化的感性认识。

　　根据丛书要求，拙作对以典型遗址——河姆渡命名的河姆渡文化作了有别于考古报告的综合介绍，力求浅显易懂；同时，对其他专家、学者有关河姆渡文化的研究成果也作了相应的介绍。但是，限于本人学识，掌握的科研信息量有限，若在综述各家研究成果时有所疏漏，企望谅解；对今后河姆渡文化研究工作提出的几点看法，只是根据自己多年研究河姆渡文化中的点滴体会写就。凡书中的不妥之处，望读者不吝指正。

　　本书编写过程中得到浙江省文物考古研究所领导的关心和支持，还得到俞璐女士的热忱帮助，在此，谨表衷心的感谢。另外，朱启新先生为本书出版关心备至、费尽心血，也在此表示我的诚挚谢意。

封面设计/张希广

责任印制/陆　联

责任编辑/周　成　陈　峰

图书在版编目（CIP）数据

河姆渡文化/刘军著 . －北京：文物出版社，2006.7
（20 世纪中国文物考古发现与研究丛书）
ISBN 7－5010－1920－7

Ⅰ.河…　Ⅱ.刘…　Ⅲ.新石器时代文化-文化遗址-研究-余姚市　Ⅳ.K878.04

中国版本图书馆 CIP 数据核字（2006）第 038609 号

20 世纪中国文物考古发现与研究丛书

河 姆 渡 文 化

刘 军/著

文 物 出 版 社 出 版 发 行

（北京五四大街 29 号）

http：//www. wenwu. com

E－mail：web@wenwu. com

北京达利天成印刷公司印刷

新 华 书 店 经 销

850×1168　1/32　印张：6.75

2006 年 7 月第一版　2006 年 7 月第一次印刷

ISBN 7－5010－1920－7/K·1013　定价：28 元